福建省教育科学"十四五"规划
2022年度课题"统编小语教材典型言语范式序列化的实践研究"
（FJJKZX22-728）成果

向课文学写句

小学低年级写句教学案例研究

郑文英 著

海峡出版发行集团 | 福建教育出版社

图书在版编目（CIP）数据

向课文学写句：小学低年级写句教学案例研究/郑文英著．—福州：福建教育出版社，2024.7
ISBN 978-7-5334-9984-6

Ⅰ.①向… Ⅱ.①郑… Ⅲ.①作文课－教案(教育)－小学 Ⅳ.①G623.242

中国国家版本馆 CIP 数据核字（2024）第 107049 号

Xiang Kewen Xue Xie Ju
向课文学写句
——小学低年级写句教学案例研究
郑文英　著

出版发行	福建教育出版社
	（福州市梦山路27号　邮编：350025　网址：www.fep.com.cn
	编辑部电话：0591-83726971
	发行部电话：0591-83721876　87115073　010-62024258）
出 版 人	江金辉
印　　刷	福建新华联合印务集团有限公司
	（福州市晋安区福兴大道42号　邮编：350014）
开　　本	710 毫米×1000 毫米　1/16
印　　张	17.25
字　　数	263 千字
插　　页	2
版　　次	2024 年 7 月第 1 版　2024 年 7 月第 1 次印刷
书　　号	ISBN 978-7-5334-9984-6
定　　价	48.00 元

如发现本书印装质量问题，请向本社出版科（电话：0591-83726019）调换。

序

语文教学需要"放低身段"

许发金

长期以来，很多教师将语文教学的重心放在认识语言现象和掌握语言的规律上，侧重分析和理解语言及语言知识，误以为习得语言的关键在理解，只要理解了，就自然而然地会运用。也因此，在语言运用的教学上，教师更多采用的是"无师自通"的教学策略。课文中新学的词语句子学生是否能运用，基本上成为学生自己的行为，从而造成课文中学过的词语和句子，对部分学生而言，留下的仅仅是只会理解不会运用的"消极语言"。不少学生读到小学甚至中学毕业，无论是说话还是作文，所用的句子许多还是大白话式的最简单的句子，而且连贯性差，语病多。他们往往驾驭不了结构稍微复杂一些的语言。

实践证明，大部分学生不能自觉地将课文语言转化为自己能够运用的"积极语言"，难以做到"无师自通"。这中间需要教师的积极介入，在课堂上提供尝试运用的契机，帮助他们实现"消极语言"向"积极语言"的转化，并且在反复的实践活动中增强自觉运用的习惯和意识。

语文教学需要"放低身段"。小学第一学段，作为写话的起始年级，书面表达训练的重点是写句。从学习语言的建构与运用的角度来审视小学阶段的句子教学，其重点也应是句子的积累和尝试运用。克拉申说："语言的获得，不仅需要习得者广泛地接触语言材料，而且还要直接使用这些语言材料参与交际，使接触性的语言材料通过说明、证实、修正、重新组织等交际手段变成可运用的语言材料。"对于正处于语言发展关键期的学生，让他们在学课文的同时熟悉并大量积累各种句型，能为儿童的语言发展奠定坚实的基础。

郑文英老师带领团队进行"向课本学表达"的系列实践研究中，她结合十多年从事小学低年级语文教学的经历，在用统编小学语文教材进行两轮低段（1—3年级）小循环教学后，归纳整理出了本书《向课文学写句》。

书中总结了第一学段向课本学写句的模式，整理了一至四册教材向课文学写句教学的典型案例。这些案例既有范句分析，详尽的教学实录，还有学生作业选登，能够给一线教师较大的启发与借鉴。纵览全书，有以下几个特色。

（一）强化范本意识，发挥范句导引功能

叶圣陶先生说："语文教材无非是个例子，凭这例子要使学生能够举一反三，练成阅读和练习的熟练技能。因此，教师就要朝着促使学生'反三'这个目标精要地讲，务必启发学生的能动性，引导他们尽可能自己去探索。"叶老的这番话启示我们，既要明确课文的范本价值，还应围绕课文的范本价值去选择教材资源，对课文进行"二度开发"和"深度加工"。教师注意分析教材对学生成长的作用，让学生在教师精准选择的内容中体现课文的"例子"功能。《向课文学写句》一书，教师从教材的一篇篇课文中检索出值得学生学习积累的范句，作为学生从读学写的语言范例，这正是从语言建构和运用的角度提炼课文的范本价值，确定典范性的教学内容，从而提高学生书面表达能力。

语文教学呼吁教师要有强烈的范本意识，即在听说读写的语文实践活动中，对如何利用具有示范价值的语言材料进行学习的一种自觉的、有意识的关注。《向课文学写句》中郑老师具有较强的范本意识，她从一、二年级统编语文教材中一篇篇课文挖掘出典型的句子范式，并根据学生的年龄特点、学段目标及学情，循序渐进地安排学生从说完整句开始，到学习写单句，学习写复句，再到学习写句群，形成一个纵向学习序列。学生在每一次跟着课本学写句中，直面"范本"的经典语料，从中发现新的语言图式，学习语言运用的规律，感受到语言的情趣与魅力，进而促进言语智慧和语文品格的生长。

（二）丰富言语实践，夯实言语运用能力

《义务教育语文课程标准（2022年版）》（以下简称"新课标"）指出："语文课程是一门学习国家通用语言文字运用的综合性、实践性课程。""语文课程应引导学生热爱国家通用语言文字，在真实的语言运用情境中，通过积极的语言实践，积累语言经验，体会语言文字的特点和运用规律，培养语言文字运用能力。"由此看来，语言实践在语文学习中占有重要位置。

语言运用能力是在语言实践中培养的。要提高学生的语言建构能力，教师就要安排数量足够又能切实操作的语文实践活动，让学生通过言语实践学习和积累表达经验。本书中的众多案例给学生创设了大量仿说仿写的实践契机。在学生初步了解范句的表达特点后，教师通过创设一系列贴近学生生活的语言运用情境，让学生学着课文范句充分仿说，并在仿说的基础上仿写，在仿说仿写中掌握本课新的句子图式，习得言语思维。特别值得一提的是，案例中的仿说仿写为避免学生的浅层次模仿，在与课文相似情境仿说的基础上，总会设计相关的"远迁移"，让学生在举一反三中获得能带得走的能力。

（三）建构四步读写，形成闭环学习模式

本书中，郑老师结合教学实践梳理总结了从读学写的"四步读写法"：读懂范句，仿说练习，仿写句子，展示交流。即从读懂范句，到内化迁移，再到尝试练写，最后交流提高，形成从读到说，由说到写，最后展示中提升，形成一套"以读促写"的学习闭环模式。这一学习模式，重范句的"例子"功能，重口头表达的内化迁移，重举一反三的迁移实践，这个过程是科学的，是符合儿童认知规律和心理特点的。

（许发金，福建省宁德市小学教学研究室副主任，特级教师、正高级教师，教育部新时代名师培养对象）

目 录

上编：理论

第一章 向课文学写句的实践价值 ········· 3
一、第一学段教材中丰富的表达句式 ········· 3
二、向课文学写句的意义 ········· 6
三、向课文学写句的要点 ········· 10

第二章 向课文学写句群的实践价值 ········· 13
一、第一学段教材中的句群范例 ········· 13
二、向课文学写句群的意义 ········· 16
三、向课文学写句群的要点 ········· 18

第三章 向课文学写句的实践模式 ········· 22
一、读懂范句 ········· 22
二、仿说练习 ········· 25
三、仿写句子 ········· 31
四、展示交流 ········· 33

下编：案例

第一章　一年级上册教学案例 ……………………………………… 37
一、从"说"起步 ………………………………………………… 37
二、学写基本句式 ………………………………………………… 38
句式一　谁是什么 …………………………………………… 39
句式二　什么（谁）怎么样 ………………………………… 44
句式三　什么地方有什么 …………………………………… 49
三、写四要素俱全的一句话 ……………………………………… 53

第二章　一年级下册教学案例 ……………………………………… 58
一、吃水不忘挖井人 ……………………………………………… 58
二、我多想去看看 ………………………………………………… 61
三、四个太阳 ……………………………………………………… 65
四、小公鸡和小鸭子 ……………………………………………… 68
五、树和喜鹊 ……………………………………………………… 72
六、端午粽 ………………………………………………………… 75
七、彩虹 …………………………………………………………… 78
八、荷叶圆圆 ……………………………………………………… 81
九、学习园地六 …………………………………………………… 86
十、一分钟 ………………………………………………………… 91
十一、小猴子下山 ………………………………………………… 93
十二、棉花姑娘 …………………………………………………… 97

第三章　二年级上册教学案例 101

- 一、小蝌蚪找妈妈（一） 101
- 二、小蝌蚪找妈妈（二） 105
- 三、我是什么 108
- 四、植物妈妈有办法 113
- 五、语文园地一 120
- 六、曹冲称象 123
- 七、一封信 129
- 八、妈妈睡了 132
- 九、黄山奇石 136
- 十、葡萄沟 144
- 十一、寒号鸟 149
- 十二、语文园地五 153
- 十三、八角楼上 157
- 十四、朱德的扁担 161
- 十五、难忘的泼水节 164
- 十六、雾在哪里 169
- 十七、狐假虎威 175
- 十八、纸船和风筝（一） 179
- 十九、纸船和风筝（二） 182
- 二十、风娃娃 185

第四章　二年级下册教学案例 …………………………… **189**
　一、找春天 ……………………………………………… **189**
　二、开满鲜花的小路 …………………………………… **194**
　三、邓小平爷爷植树 …………………………………… **198**
　四、雷锋叔叔，你在哪里 ……………………………… **203**
　五、一匹出色的马 ……………………………………… **209**
　六、彩色的梦 …………………………………………… **214**
　七、枫树上的喜鹊 ……………………………………… **223**
　八、寓言二则 …………………………………………… **227**
　九、雷雨 ………………………………………………… **231**
　十、大象的耳朵 ………………………………………… **236**
　十一、青蛙卖泥塘（一） ……………………………… **240**
　十二、青蛙卖泥塘（二） ……………………………… **246**
　十三、小毛虫 …………………………………………… **251**
　十四、祖先的摇篮 ……………………………………… **254**
　十五、黄帝的传说 ……………………………………… **262**

上编：理论

第一章　向课文学写句的实践价值

一、第一学段教材中丰富的表达句式

教材是课堂教学的第一手资源，是学生学习的重要资料。在语文教学中，充分利用教材的示例和示范作用，是语文教师开发利用课本资源的必备技能。

对于刚刚步入小学学习的小学生而言，他们对语言缺乏敏感性，需要教师从课文中挖掘适合他们学习的语言范例，以丰富他们的言语经验。"学习者在语言学习过程中所接触到的各种语言素材，是学习者学习语言的蓝本，也是学习过程的起点。没有语言输入，根本谈不上语言学习。语言输入的内容、数量和方式，往往直接影响着学习的质量和速度。"（王德春《语言学概论》）郭沫若先生也曾说："胸藏万汇凭吞吐，笔有千钧任翕张。"这是说，只有积累了丰富的语言材料，运用语言表情达意才能得心应手。因此，教师在教学中要善于挖掘教材中典型的语言范式。

我们聚焦一、二年级统编版语文教材，会发现课文中拥有丰富的表达句式，不仅是学生学字习词的教材，更是学生学习写句的范本。

（一）各种内在关系的句子

因果关系：
村子里没有水井，乡亲们吃水要到很远的地方去挑。

——一年级下册《吃水不忘挖井人》

承接关系：

金黄的落叶忙着邀请小伙伴，请他们尝尝水果的香甜。

——一年级下册《四个太阳》

并列关系：

树很孤单，喜鹊也很孤单。

——一年级下册《树和喜鹊》

假使关系：

要是早一分钟，就能赶上绿灯了。

——一年级下册《一分钟》

（二）表达内容丰富的长句

他看见满地的西瓜又大又圆，非常高兴，就扔了桃子，去摘西瓜。

——一年级下册《小猴子下山》

这句话分三层意思，第一层写小猴看到了什么——"满地的西瓜又大又圆"；第二层写小猴怎么样——"非常高兴"；第三层写小猴怎么做——"就扔了桃子，去摘西瓜"。

路的一边是田野，葱葱绿绿的，非常可爱，像一片柔软的绿毯。

——二年级下册《一匹出色的马》

此句所写的内容同样丰富：写了地点——"路的一边"，样子——"葱葱绿绿的"，怎么样——"非常可爱"，像什么——"像一片柔软的绿毯"。

池塘里有一群小蝌蚪，大大的脑袋，黑灰色的身子，甩着长长的尾巴，快活地游来游去。

——二年级上册《小蝌蚪找妈妈》

这句话抓住小蝌蚪最为突出的特点——大脑袋，黑灰色身子，长尾巴，用结构相近的词组"大大的脑袋""黑灰色的身子""长长的尾巴"连成一句话，句子显得简洁形象。

（三）教人表达的范句

燕子说："对不起，我只会捉空中飞的害虫，你还是请别人帮忙吧！"

——一年级下册《棉花姑娘》

燕子说的这句话表达了三层意思，首先表达了歉意——"对不起"，然后表示自己"只会捉空中飞的害虫"，最后让燕子"请别人帮忙吧"。表达条理清楚，意思明了。

一头老牛走过来，看了看泥塘，说："这个水坑坑嘛，在里边打打滚倒挺舒服。不过，要是周围有些草就更好了。"

——二年级下册《青蛙卖泥塘》

老牛同样是个说话高手，讲究说话艺术。他先给人以肯定——"在里边打打滚倒挺舒服"，再提出建议——"要是周围有些草就更好了"。这样的表达内容既清楚，又容易被对方接受。

（四）生动化表达的句式

一、二年级教材"语文园地"的"字词句运用"设有学习写比喻句、拟人句的版块，而教材中就有许多这样的范句。如比喻句：

茂密的枝叶向四面展开，就像搭起了一个个绿色的凉棚。

——二年级上册《我要的是葫芦》

小草从地下探出头来，那是春天的眉毛吧？

——二年级下册《找春天》

大象有一对大耳朵，像扇子似的，耷拉着。

——二年级下册《大象的耳朵》

北风像狮子一样狂吼，崖缝里冷得像冰窖。

——二年级上册《寒号鸟》

这几句比喻句，语言生动，形式多样，远比学生固有的"太阳像火球""妹妹的脸像红苹果"的表达更形象具体，而这只是课文范句的缩影。

另外教材中同样有许多拟人化写法的范句：

小水珠躺在荷叶上，眨着亮晶晶的眼睛。

小青蛙蹲在荷叶上，呱呱地放声歌唱。

——一年级下册《荷叶圆圆》

窗外，小鸟在唱着歌，风儿在树叶间散步，发出沙沙的响声，可是妈妈全听不到。

——二年级上册《妈妈睡了》

她在柳枝上荡秋千，在风筝尾巴上摇哇摇；她在喜鹊、杜鹃嘴里叫，在桃花、杏花枝头笑……

——二年级下册《找春天》

第一学段教材中拥有如此丰富的表达范句，它们是学生学习语言的宝库，是学生学习语言最好的范本。低年级小学生正处于语言发展的关键期，也是记忆力发展的黄金期，面对教学中如此丰富的句式，如果能大量积累并尝试运用各种句型，就能为他们一生的语言发展奠定坚实的基础。

二、向课文学写句的意义

句子是能够表达一个相对完整意思的语言单位，是理解和运用语言的基础。现代汉语中，词和词组只能表达一个概念，而句子才能将词或词组串联起来，表达完整的意思。所以说，句子是写作的最小单位。写好一句话是书面表达训练的起步，扎实训练学生写好一句话的能力，为今后的读写打好基础，是低年级老师的重要任务。

统编小学语文教材在课后题及"语文园地"的"字词句运用"中都有设计向课文学写句的练习。如一年级下册"语文园地六"的"字词句运用"：

读一读，照样子说一说。

小白兔割草。

小白兔在山坡上割草。

小白兔弯着腰在山坡上割草。

小鸭子游泳。

小鸭子＿＿＿＿＿＿＿＿＿＿。

小鸭子＿＿＿＿＿＿＿＿＿＿。

这一版块是在引导学生学习《要下雨了》一课中的"小白兔弯着腰在山坡上割草"这句话，学习如何在句子中表达"在哪里""怎样地"割草，进而把句子说得更具体。

又如二年级上册"语文园地五"：

● 注意下面句子中加点的词语，仿照例子在括号中加上合适的词语，再读一读。

细长的葫芦藤上长满了绿叶，开出了几朵雪白的小花。

茂密的枝叶向四面展开，就像搭起了一个个绿色的凉棚。

（　　　）天空飘着（　　　）气球。

（　　　）池塘开满了（　　　）荷花。

这一版块是在引导学生向《我要的是葫芦》一课中的"细长的葫芦藤上长满了绿叶，开出了几朵雪白的小花"和《葡萄沟》一课中的"茂密的枝叶向四面展开，就像搭起了一个个绿色的凉棚"这两句话学习写句时使用修饰语让句子更具体。

这些版块的设计提示我们，面对教材中丰富的表达句式，教师在教学中应充分发挥教材语言学习的"范本"价值，扎实开展向课文学写句的教学。

向课文学写句至少有以下三方面益处。

（一）有利于学生初步建立句子概念

作为写话的起始年级，写一句完整的话是一年级写话教学的重点。但怎样的句子称得上一句完整的话呢？"有完整的主语、谓语、宾语，还能表达一个完整意思的句子就是完整的句子。"这种专业的回答对于一年级学生而言是听不懂、学不会的。

如何帮助低年段学生建立句子的概念呢？其实，让学生向课文学习读句写句，就是从感性层面建立"完整句"概念的过程。因为在这过程中，学生势必需要经历多种形式的读，理清句子结构，在反复诵读中将一句句"完整句"植入自身的语言仓库。在此基础上，完成从读学写，从学写最基本、最简单的"谁干什么""什么怎么样"等句式入手，再到学习课文中一句句典型范句。在一遍遍范句诵读中，在一次次仿写的具体实践中，学生慢慢地建立起"完整句"的概念。

因此，可以说向课文学写句子，是规范学生口语表达，让他们初步建立句子概念的有效途径。

（二）有利于学生正确使用标点

小学生习作中有个顽症——乱用标点。我们在批改小学生作业中，会发现不用标点、乱用标点的现象比较严重。不用标点，并非一个标点都不用，而是几行字才用上一个标点，无断句可言。乱用标点，则是指学生不能正确使用标点，有的甚至一"逗"到底。

新课标中，每个学段都明确规定了标点的阶段性目标，但翻看小学教材，会发现真正教学标点的版块是少之又少，且大多将其渗透在"语文园地"的"词句段运用"的句式练习中。其中，冒号、分号、顿号、引号这些标点的应用范围相对比较固定，教学时，教师创设相应的运用情境并施以指导，学生较容易掌握。即便学生没有掌握好，教师结合习作进行"纠错式指导"效果也比较显著。倒是逗号和句号这两个最常见标点符号的运用比较成问题。学生用得最不好的就是逗号与句号这两个断句符号。而一、二年级教材中针对正确使用逗号、句号、问号、感叹号的表达练习仅有两处。一处在一年级下册的"语文园地六"：

● 读一读，加上标点，再抄写最后一句。

小鸟飞得真低呀（ ）

你写作业了吗（ ）

天安门前的人非常多（ ）

爸爸看到我来了（ ）高兴地笑了（ ）

另一处是二年级上册的"语文园地六"：

● 给下面的句子加上标点，再读一读。

一阵秋风吹过　树叶像蝴蝶一样飘落下来

我们去公园玩　　公园里花真多呀

这棵树的叶子真奇怪　　是什么树呢

像这样加标点练习对于学生而言比较容易，因为它已经将需要标点的位置留出，学生只需思考填什么标点。而学生在实际习作中的问题是不知道何处应用上标点，不知道什么时候该断句。

对于逗号与句号的教学，教师更多的是依靠学生自悟，或是在学生写话中给予纠错。但这种"亡羊补牢"式的纠错，作用并不明显。对于不会正确运用的学生，纠正多次，他仍旧是错。但若让教师面对一、二年级小学生讲授如何正确使用逗号与句号，既复杂，也说不清楚。其实，学习运用标点符号最好的办法就是在写句子的实践中学着用标点。向课文学写句时，学着范句仿写形式丰富的单句与复句，学生在学习规范化表达的同时，也在学逗号、句号的使用。这种学习是在一句又一句写句实践中进行的，是在具体的语境中、在潜移默化中习得标点的正确使用方法。

（三）有利于丰富学生语言经验

当前小学语文教学中，教师更为关注学习句子的概念知识——"这是比喻句""这是拟人句""这是排比句"。有的教师只关注句子内容，把了解内容当成学习语文的全部。这些都亟待改进。我们翻阅学生习作，会发现即便到了小学高段，抛开他们习作的构思、立意、写作顺序等，仅从文字表达上来看，仍有不少学生不能言从字顺地进行表达，习作中的病句、错句的现象比较严重。若要追溯问题的根源，那就是他们没有扎实的写句能力。

新课标在基础型学习任务群的"语言文字积累与梳理"中指出，要"引导学生增强语言积累和梳理的意识，教给学生语言积累和梳理的方法，注重积累、梳理与运用相结合""引导学生借助信息技术等多种方式汇总、梳理自己积累的语言材料，建立自己的创意语言资料库，并能学以致用"。这里所指的"语言材料"包含生字、词语、句子等，其中积累丰富的句型是积累语言材料的重要方面。从这个角度看，我们让学生向课文学写句子，将课文中规范而丰富的句型输入学生的语言仓库，就是在积累语言材料，丰富他们的语言经验。

按照语文课程教学论的研究，句子教学分四个层次：第一层次是读懂理解句子意思，第二层次是认识有关句子的知识及其作用，第三层次是积累各种句型，第四层次是表达时尝试运用各种句型。这是句子教学的最终目标，"学生能够运用的句型越丰富，那么语文表达能力就越强（吴忠豪《小语教学专题案例透析》）"。从学习语言的建构与运用的角度来审视小学阶段的句子教学，其重点不是第一、第二层次的教学，重点不应该放在理解句子内容及概念性知识上，而应该强调句子的积累和尝试运用，这才是句子教学的重心。有效的句子教学，教师应该将更多的时间花在句子的积累运用上。

句子是习作的最小单位，写好一句话是习作的起点。指导学生写好句子，对他们今后写一段话、写整篇作文都有着重要的影响。因此，小学一、二年级，面对教材中如此多的句式，我们应引导学生向课文学写句子，打好写句的基础，让写作能力软着陆。

三、向课文学写句的要点

写句可以从说句开始，从说一句"完整"的话入手，从说到写，说句与写句相结合。首先，利用一年级教材内容丰富的插图，创设学生口头表达的契机，在引导孩子们说好一句"完整"话的过程中，有意识地渗透"谁做什么""什么怎么样""谁是什么"等基本句式。然后，从说一句"完整"的话，到写一句"规范"的句子，再向课文学习一个个丰富的句型，从而丰富学生言语范式。

另外，在向课文学写句的过程中，不应面面俱到，平均使用力气，而要突出学段重点，抓实本学段最重要的写话能力。第一学段写句有两大重点：一是写句时准确使用修饰语；二是连续动词的准确使用。

我们在研读统编版小学语文一、二年级教材时，发现恰当地使用修饰语是一、二年级学生写句中的重点。从一年级上册第二篇课文《小小的船》的课后题（如下）仿说"怎样的什么"开始。

● 读一读,照样子说一说。

船　　　小小的船

月儿　　弯弯的月儿

星星　　闪闪的星星

天　　　蓝蓝的天

到二年级下册"语文园地一"中的"字词句运用":

● 补充合适的词语,再说说你在春天里看到了什么,感受到了什么。

_____的天空　　_____的阳光

_____的田野　　_____的微风

_____的柳条　　_____的草坪

这当中有 11 次的课后题及"语文园地"涉及修饰语的使用。其中 5 次是指向写句时使用修饰语让句子表达更具体,更准确。如:

● 注意下面句子中加点的词语,仿照例子在括号中加上合适的词语,再读一读。

细长的葫芦藤上长满了绿叶,开出了几朵雪白的小花。

茂密的枝叶向四面展开,就像搭起了一个个绿色的凉棚。

(　　　)天空飘着(　　　)气球。

(　　　)池塘开满了(　　　)荷花。

——二年级上册"学习园地五"

又如:

● 读一读,注意加点的部分。再看看课文插图,仿照例句说一说。

门前开着一大片五颜六色的鲜花。

房子旁边_____。

山坡上_____。

——二年级下册《开满鲜花的小路》

根据以上分析,可以看出在一、二年级写句时,要把重点放在恰当使用修饰语上,并注重让学生养成写句时用上修饰语的习惯。而统编教材中像这样的范句还真不少,我们要有巧用范句、指导写句的意识,让学生在学写句的同时,落实好这一重点。

动词的准确使用是一、二年级写句的又一个重点。一、二年级教材的课后题及"语文园地"中9次涉及准确使用动词的学习，虽然都是指向词组中正确搭配动词，但我们可以迁移到写句时准确使用动词，以及句子中连续动词的使用。如：

小蜻蜓立在荷叶上，展开透明的翅膀。

——一年级下册《荷叶圆圆》

他穿着草鞋，戴着斗笠，挑起粮食，跟大家一块儿爬山。

——二年级上册《朱德的扁担》

他接过一只象脚鼓，敲着欢乐的鼓点，踩着凤凰花铺成的"地毯"，同傣族人民一起舞蹈。

——二年级上册《难忘的泼水节》

我们可以根据课文范句，将连续动词的准确使用这一要点分散到一篇篇课文中，让学生在向课文学写句的过程中循序渐进地学会正确使用动词。

另外，针对写句时有意识地使用修饰语和连续动词的准确使用这两个重点，在引导学生向课文学写句的同时，还应拓展延伸到平时的写话中加以重视，让学生在反复的言语实践中扎实练好这两项本领。

第二章　向课文学写句群的实践价值

一、第一学段教材中的句群范例

句群，又叫句组或语段，是几个意义和结构上有密切联系的各自独立的句子组成的言语交际单位。它由一组（两个或两个以上）句子组成，有明晰的中心意思，句子与句子之间既有相对的独立性，也有联系性、层次性。在一年级写句的基础上，从二年级起，向课文学写句的重点就可以转到学写句群上，为三年级学写段打好基础。

统编版小学语文第一学段教材中句群类型比较多。

（一）承接句群

一句接连一句地说出连续的动作或连续的事件。这类句群，课文里最多。如：

把大象赶到一艘大船上，看船身下沉多少，就沿着水面，在船舷上画一条线。再把大象赶上岸，往船上装石头，装到船下沉到画线的地方为止。然后称一称船上的石头。石头有多重，大象就有多重。

——二年级上册《曹冲称象》

这个句群三句话写出曹冲称象的设想。第一句写赶象到船上，并画线；第二句写赶象上岸，装石头；最后写称出石头的重量就是大象的重量。按事情的先后顺序将整个过程交代得清清楚楚。

又如：

邓爷爷精心地挑选了一棵茁壮的柏树苗，小心地移入树坑，又挥锹填了几锹土。他站到几步之外仔细看看，觉得不是很直，连声说："不行，不行!"他又走上前把树苗扶正。

——二年级下册《邓小平爷爷植树》

这个句群由三句话组成。它按照植树的先后顺序，通过"挑选""移入""挥锹""填土""站到""看看""扶正"一系列连续动作描写邓小平爷爷植树的过程。

再如：

雨停了。太阳出来了。一条彩虹挂在天空。蝉叫了。蜘蛛又坐在网上。池塘里水满了，青蛙也叫起来了。

——二年级下册《雷雨》

这个承接句群共六句话。作者按方位顺序，从上到下进行描写。从天空的太阳、彩虹，到树上的蝉、蜘蛛，再到地面池塘的水、青蛙构成了这幅雨后风景图。

（二）并列句群

并列句群，即几句话分别说明或描述几方面的事物或同一事物的几个方面。抛开表达的艺术，句群中的这些事物，先介绍什么，后介绍什么，并没有区别，它们是并列存在的，先后顺序是可以调换的。如：

周总理一手端着盛满清水的银碗，一手拿着柏树枝蘸了水，向人们泼洒，为人们祝福。傣族人民一边欢呼，一边向周总理泼水，祝福他健康长寿。

——二年级上册《难忘的泼水节》

这一句群前一句写周总理端着银碗，蘸水为人们祝福，后一句写傣族人民欢呼着向周总理泼水祝福。两句话分别对周总理、傣族人民展开描写，将泼水节热闹的场面烘托了出来。

又如：

喜鹊一早飞出去，东寻西找，衔回来一些枯草，就忙着做窝，准备过冬。寒号鸟却整天出去玩，累了就回来睡觉。

——二年级上册《寒号鸟》

这一句群两句话，分别对喜鹊的勤劳与寒号鸟的懒惰进行描写。

再如：

我做过许多好事，灌溉田地，发动机器，帮助人们工作。我也做过许多坏事，淹没庄稼，冲毁房屋，给人们带来灾害。

——二年级上册《我是什么》

这组句群两句话，一句列举"我"做的好事，一句列举"我"做的坏事。

（三）总分句群

此类句群由表明**总述**和**分述**的句子组合。

多好的地方！有树，有花，有草，有水塘。你可以看蝴蝶在花丛中飞舞，听小鸟在树上唱歌。你可以在水里尽情游泳，躺在草地上晒太阳。这儿还有道路通到城里……

——二年级下册《青蛙卖泥塘》

这个句群四句话，第一句总写"多好的地方"，后三句话围绕"多好的地方"，从有什么，可以做什么，交通方便三方面具体分述。

睡梦中的妈妈真美丽。明亮的眼睛闭上了，紧紧地闭着；弯弯的眉毛，也在睡觉，睡在妈妈红润的脸上。

——二年级上册《妈妈睡了》

本组句群共两句话，前一句总说"睡梦中的妈妈真美丽"，后一句为长句，从"眼睛""眉毛"分述睡梦中妈妈的美。

（四）概括与具体结合句群

主要有两种形式，先概括后具体，或是先具体后概括。如：

在一座陡峭的山峰上，有一只猴子。它两只胳膊抱着腿，一动不动地蹲在山头，望着翻滚的云海。**这就是有趣的"猴子观海"**。

"仙人指路"就更有趣了！远远望去，真像一位仙人站在高高的山峰上，伸着手臂指向前方。

——二年级上册《黄山奇石》

这两组句群是概括与具体相结合。前者先具体描写"奇石"的样子，后概括地称为有趣的"猴子观海"。后者先概括地称"仙人指路"更有趣，后具体描述"奇石"的样子。

（五）因果句群

前后句子表明原因和结果的关系。如：

小熊拿起纸船一看，乐坏了。纸船里放着一个小松果，松果上挂着一张纸条，上面写着："祝你快乐！"

松鼠一把抓住风筝的线一看，也乐坏了。风筝上挂着一个草莓，风筝的翅膀上写着："祝你幸福！"

——二年级上册《纸船和风筝》

这是因果句群。前者先说结果——小熊乐坏了，再说它乐的原因。后者也是先说结果——松鼠乐坏了，再说它乐的原因。

二、向课文学写句群的意义

句群是按一定的逻辑关系、中心意思组合在一起的几个句子，是介于句子与段落之间的语言使用单位，是积句成段，连段成篇的关键。有些句群的结构是一篇文章的骨架，照着它的格式扩展开去，就是一篇堪称得体的文章。教学中教师指导学生理解句子与句子之间的内在联系，探索和学习作者的思路，这有利于发展学生的思维能力和语言能力。在教学中，我们不仅要读懂课文内容，更重要的是要帮助学生理解句子与句子之间的内在联系，探索和学习作者的写作思路。

但在教学中，不少教师往往忽视句群的学习，更热衷于引导学生写生动化的句子，甚至在小学低年段就急于拔高要求让学生学着写整篇的小作文。跳过句群学习直接进入小作文的写作，弊端还是很明显的。我们会发现到了小学高年级，学生两极分化比较严重，班级为数不少的学生写作文，言之无序，表达混乱。由此看来，从二年级起，我们要重视句群的学习与仿写，将句群仿写作为二年级学生读写的硬功夫来抓，为他们今后连句成段、组段成篇打好基础。

以并列句群为例，它在写作中运用的面比较广。写一处景，写一个场面，或是总分句群中的分述部分都可以用到并列句群。如果学生熟练掌握此类句群描写，对学生看图写话很有益处：在写景的时候，我们可以运用并列句群，抓住画面中的几个事物来描述；在描述一个场面时，我们同样可以紧扣场景中的几个人物，采用并列句群来介绍。

如下图，描写堆雪人的场景，可指导学生用并列句群描述画中几个小朋友在雪地上的活动。

图1　叶建强　画

我们滚了一个大雪球做身体，滚了一个小雪球做头。小芳把水桶放在雪人头上当帽子，把萝卜插在雪人头的中间做雪人的鼻子。小红拿两个乒乓球做雪人的眼睛。我把扫帚插在雪人身体的旁边当作手。雪人堆好了，我们围着雪人唱歌跳舞，多开心啊！

这个片段中间三句就是一组并列句群，分别抓住三个小朋友的活动写出堆雪人的情景。

在描写大家喜闻乐见的课间活动时，我们同样可以采用并列句群将丰富的课间生活描述出来：

图2 叶建强 画

　　叮铃铃，下课了，操场上真热闹。有的同学打乒乓球，旁边的同学为他们加油。有的同学在踢毽子，同学在旁边为他们数数。还有的同学在练习跳绳和跳大绳，他们玩得可高兴呢！

　　由此可见，积累并掌握一定的句群结构，有利于学生规范化表达，提高语言运用能力。

三、向课文学写句群的要点

　　句群教学不是独立于课文教学之外，而是有计划地融进课文的学习，融合在课堂教学中进行的。向课文学写句群应注意以下几点。

（一）有重点

统编版语文第一学段教材中句群的类型比较多，有并列句群、因果句群、承接句群、选择句群、总分句群等。但就二年级学生年龄特点及知识储备而言，可先从比较常见的句群学起，主要练好并列句群、承接句群、总分句群三种类型。只有突显了重点，我们才会有充足的时间将这三种句群结构学扎实。

其中，承接句群应作为句群写话的重中之重，这是写作的基本功。无论是叙述一件事情，还是描述一处场景都离不开按一定顺序讲述，都离不开承接句群。教学时，我们可以根据教材中的课文安排，抓住典型的承接句群范例，如《曹冲称象》《邓小平爷爷植树》《雷雨》，学习按事情先后顺序介绍人物活动，学习按方位顺序介绍一处景。扎实这项基本功对今后的写话、习作是有大益处的。

（二）有计划

针对第一学段教材中的重点句群范例，教学时，根据句群在课文中出现的先后顺序及句群范例的特点，科学制订教学目标，设计教学过程，扎实写话练习，让学生循序渐进地掌握写话要点。

以学习按事情发展顺序介绍活动过程的承接句群为例，可以根据课文的先后顺序，有计划地安排三个训练阶段。

第一阶段：写好连续动作的长句

一年级下学期起，教师可以有意识地让学生学写连续动作。如先向《四个太阳》中"我画了个绿绿的太阳，挂在夏天的天空"与《荷叶圆圆》中"小水珠躺在荷叶上，眨着亮晶晶的眼睛"，学写连用两个动作的句子，再向《小蝌蚪找妈妈》中"他们后腿一蹬，向前一跳，蹦到了荷叶上"，学写连用三个动作的长句，还可以向《我是什么》一课中"我做过许多好事，灌溉田地，发动机器，帮助人们工作"学写连用四个动词的长句。在一次次向课文学写长句中，写好描述连续动作的长句，为写介绍活动过程的承接句群打好基础。

第二阶段：练好写活动少用连接词的本领

这个阶段的学习以《曹冲称象》第四自然段的一组句子为范例：

把大象赶到一艘大船上，看船身下沉多少，就沿着水面，在船舷上画一条线。再把大象赶上岸，往船上装石头，装到船下沉到画线的地方为止。然后称一称船上的石头，石头有多重，大象就有多重。

此范例用"赶到""看""画线""赶上岸""装石头""称重"等一系列动词准确生动地写出了称象的过程。值得学生学习的是作者通过规整，将曹冲称象过程中的一系列动作划分为三个大步骤、三句话：第一句写赶象到船上，并画线；第二句写赶象上岸，装石头；最后写称石头的重量就是大象的重量。整个过程用了一个"再"与一个"然后"两个连接词，就把称象的过程交代得清清楚楚。

教学时，引导学生学习范例，用"分大步骤，少用连接词"的方法，写小手工的制作过程，写值日生打扫卫生等，在仿写中掌握这一方法。（具体教学步骤见下篇教学案例）

第三阶段：学习动作前加修饰词

要将活动过程介绍清楚，不仅要能正确运用动词，还应学会在动词前面运用适当的修饰词语。可以《邓小平爷爷植树》一课的第三自然段为范例。

邓爷爷精心地挑选了一棵苗壮的柏树苗，小心地移入树坑，又挥锹填了几锹土。他站到几步之外仔细看看，觉得不是很直，连声说："不行，不行！"他又走上前把树苗扶正。

教学这一范例，可以指导学生体会课文中动词的准确运用。但对学生学习语言文字运用而言，这段话更有教学价值的是作者在动词前面运用的一连串修饰词语。句子中添加这些修饰动作的词语，把邓爷爷植树的动作以及内心思想情感描写得更为具体生动。给句子中的名词加修饰语，在之前的学习中多次涉及，但在动词前加修饰语较少教学，我们可以将此作为本处仿写的一个训练点。

从写好含有连续动作的长句，到写活动过程少用连接词，再到加上修饰词让活动介绍更具体，一步步引导学生从易到难，逐步学习写好介绍活动过程的承接句群。

（三）多练习

从心理学元认知的角度看，学生在学习中是不会主动迁移的。也就是说，当他学习了课文中的范段，学习了某一句群结构，他通常不会主动迁移运用到自己平时的写话中。这中间需要教师创设适宜的迁移运用小练习，让他们在运用中掌握。

仍以学习介绍活动过程的承接句群为例。在第三阶段，当学习了《邓小平爷爷植树》第二自然段这一范段后，学生知道了要根据写话目的，在动作前加上修饰词，让表达更加准确。但知道并不代表学会，因此在这之后的一段时间里，小练笔或看图写话都应紧紧围绕这一训练点进行，让学生在写话实践中巩固。

如《邓小平爷爷植树》写的是植树过程，我们可布置回家洗碗任务，迁移写好洗碗过程。

我轻轻地将碗放到水槽，围上围裙，把桌子上的垃圾扫到垃圾桶，就开始洗碗了。我小心翼翼地把热水倒进洗碗盆里，往水里滴几滴洗洁精，用力一搅拌，盆里全是泡泡了。泡了一会儿，我左手拿出一个泡过的碗，右手拿来抹布，把碗里里外外仔仔细细地洗干净，那碗像一个个洗好澡的小娃娃。（学生作品选登）

在交流反馈洗碗片段后，可以继续布置回家洗袜子任务，写洗袜子的过程。

我接来一盆干净的清水，小心翼翼地端起来，放到院子里。我把袜子放到水里浸泡后，放在洗衣板上，拿来肥皂，仔细地抹上肥皂。接着，我拿起袜子，用手轻轻地左搓搓，右揉揉，搓出了许多五颜六色的泡泡，像七彩的棉花糖。我换了一盆清水，把袜子又认认真真地洗了几遍，直到水变清。最后，我把袜子拧干，挂到衣架上。看着干干净净的袜子，我的心一下子乐开了花。（学生作品选登）

在这基础上，教师还可以选择一些适宜的看图写话，让学生在写话时迁移运用所学知识，强化这一写句技巧。

第三章　向课文学写句的实践模式

在向课文学写句的教学实践中，我们梳理总结了四步读写法。四步法具体划分为：第一步读懂范句；第二步仿说练习，即内化迁移；第三步仿写句子，即尝试练写，重点将口头说的内容用文字写出来；第四步展示交流，即在交流中提高。从读到说，从说到练，再由练到展示，形成一套"以读促写"的学习闭环模式。现就每个步骤作细致介绍。

一、读懂范句

这一步极为关键，因为读是写的基础，只有学生读懂了范句中值得迁移学习的部分，才可能举一反三地进行仿写。由于范句不同，读懂范句大体分为两种：一种是读懂表达结构，另一种是读出表达特点。

方式一：读懂表达结构

对于表达结构比较清晰的例句，我们着眼于梳理出它们的言语结构。这里梳理言语结构并不是从高深的理论角度进行剖析，而是指向这个学段孩子能够听得懂、学得来、带得走的言语"支架"。例如：

村子里没有水井，乡亲们吃水要到很远的地方去挑。

——一年级下册《吃水不忘挖井人》

这句话上半句说的是原因，下半句说的是结果。正因为"村子里没有水井"，所以"乡亲们吃水要到很远的地方去挑"。这句话的言语结构就是先写原因，再写结果，我们简化为原因+结果。又如：

他看见满地的西瓜又大又圆,非常高兴,就扔了桃子,去摘西瓜。

——一年级下册《小猴子下山》

这句话写了三层内容:第一层写小猴看到了什么——"他看见满地的西瓜又大又圆";第二层写小猴怎么样——"非常高兴";第三层写小猴怎么做——"就扔了桃子,去摘西瓜"。这句话言语结构简化为——看到什么+怎么样+怎么做。再如:

有一年夏天,黄帝正在干活,忽然一阵大风刮来,把他头上的草帽吹掉了。草帽是圆的,掉到地上后向前滚出了很远。这件事给了黄帝启发,他想,如果做个架子,再装上像草帽一样能滚动的东西,就可以用来搬运物品了。于是,他号召部落民众,按照设想找来需要的材料,试了一次又一次,终于把车造了出来,样子就像现在的独轮手推车。

——二年级下册《黄帝的传说》

这段话先写黄帝**看到**——草帽"掉到地上后向前滚出了很远";由此**想到**——"如果做个架子,再装上像草帽一样能滚动的东西,就可以用来搬运物品了";接着**怎么做**——"他号召部落民众,按照设想找来需要的材料,试了一次又一次";最后**结果怎样**——"终于把车造了出来,样子就像现在的独轮手推车"。这段话的表达结构则简化为——看到什么+想到什么+怎么做+结果怎样。

在教学中,教师领着学生或是通过朗读感悟,或是通过有目的的提问,梳理出范句的表达结构,再以简洁明了的言语支架——"原因+结果""看到什么+怎么样+怎么做""看到什么+想到什么+怎么做+结果怎样",让学生形象地把握其中的表达结构。

有了简化的言语"支架"支撑,学生仿写更有法可依。最终,在后续仿写实践中,这些言语"支架"也转化为学生可以带走的言语模式。

方式二:读出表达特点

课文中有些范句,它的表达结构不易归纳,且值得学生学习的地方也不在于表达结构,而在于它的表达特点,那么我们就重在引导学生品读范句中值得学习的表达特点。如:

向课文学写句

　　池塘里有一群小蝌蚪，大大的脑袋，黑灰色的身子，甩着长长的尾巴，快活地游来游去。

——二年级上册《小蝌蚪找妈妈》

　　这句话抓住小蝌蚪最为突出的特点，用"大大的脑袋""黑灰色的身子""长长的尾巴"这些相类似的词串连成一句话，句子显得简洁形象。教学时，我们要深入浅出地引导学生读懂这句话表达上的两大特点：一是句子抓住了小蝌蚪的特点——大脑袋，黑灰色的身子，长尾巴；二是用"大大的脑袋""黑灰色的身子""长长的尾巴"这样的词组来表达。只有拎出了句子的表达特点，然后根据表达特点设计学生仿说的路径，才能帮助学生有效地进行表达。比如写兔子，首先学着先抓住兔子长耳朵、红眼睛的特点，再用"长长的耳朵""毛茸茸的身子""红红的眼睛"这样的词语组合在一起描述——草丛中有一只小白兔，长长的耳朵，毛茸茸的身子，摇着短短的尾巴，快活地蹦来蹦去。又如：

　　把大象赶到一艘大船上，看船身下沉多少，就沿着水面，在船舷上画一条线。再把大象赶上岸，往船上装石头，装到船下沉到画线的地方为止。然后称一称船上的石头，石头有多重，大象就有多重。

——二年级上册《曹冲称象》

　　这是比较典型的承接句群。为什么选此句为教学范句呢？是因为此范句有学生最值得学习的表达特点——仅用两个连接词就把称象的过程写清楚。如果让学生来介绍曹冲称象的过程，大多数学生在介绍时会出现频繁使用连接词的现象，他们通常会用上一连串的连接词来介绍："**先**把大象赶到一艘大船上，**然后**看船身下沉多少，**接着**就沿着水面，在船舷上画一条线。**再**把大象赶上岸，**然后**往船上装石头，装到船下沉到画线的地方为止。**最后**称一称船上的石头，石头有多重，大象就有多重。"

　　而范句在介绍曹冲称象时只用一个"再"，一个"然后"，就把整个过程交代得清清楚楚。它是如何做到的呢？原来范句是将称象中"赶象""看""画线""赶上岸""装石头""称重"等一系列动作划分为三个大环节——第一步赶象到船上，并画线；第二步赶象上岸，装石头；第三步所称石头的重量就是大象的重量。将小动作为大环节，处于同一环节的小动作之间用逗号隔开，只在大环节的衔接处用上连接词。这正是本范句值得学生学习的地方，我们在读懂范句环节就要引导学生在研读时读懂它。

读懂范句这个环节是后面仿说仿写的基础，落实好本环节，教师要注意做到：1. 教师要结合学情，思考这一范句值得学生学习的教学点，进而确定教学重点。只有明晰目标，才能做到有的放矢。2. 一、二年级学生以形象思维为主，我们要想办法将教学点转化为学生听得懂、记得住的语言符号，并使其成为学生带得走的语言图示。

总之，本环节不论是读懂言语表达结构，还是读懂表达特点，都要让学生明白范句值得迁移的地方在哪儿，为仿说仿写打基础。

二、仿说练习

仿说练习，即口头仿说，这一步重在内化迁移。当学生领悟到所学范句的表达特点后，我们需要设计一些仿说练习，让他们进行迁移运用。这个环节是仿写的前奏。对于低年级学生而言，只有说得充分，才能写得到位。因此，在本环节，我们应针对所学范句的特点，设计一系列的仿说练习，让学生进行有的放矢的口头仿说。

在口头仿说环节，要注意以下三点：一是要说得充分。通过创设情境让学生紧紧围绕范句的言语特点进行多次仿说，在仿说中巩固所学到的言语模式。二是要面向全体。仿说时让尽量多的学生参与进来，让每个学生都有说的机会，而同桌互说则是较短时间内实现全员参与仿说的最有效形式之一。三是善于搭设台阶，降低仿说难度。这是极为重要的。当仿说对学生有一定难度时，我们要思考他们困难点在哪儿，并通过搭设台阶，提供帮助，让他们的仿说更加顺利。

口头仿说时，所学范句不同，搭设的台阶也稍有不同，主要归纳为四种方式。前两项指向让学生有内容可说，后两项则指向教师具体指导。

方式一：提供话题，打开思路

　　学生读懂范句，放手口头仿说时，经常遇到不知道说什么的难题。在学生思路受阻，无话可说时，教师需要搭设的台阶就是提供话题，打开思路。教师根据范句，精心选择贴近学生的话题，让学生有话可说。如：

　　"村子里没有水井，乡亲们吃水要到很远的地方去挑。"

——一年级下册《吃水不忘挖井人》

　　虽然学生通过上面的学习知道了句子的结构——"原因＋结果"，但若就此放手让学生仿说，大多数人会无从下手，不知说什么内容。此时，就需要教师提供话题，启发思维。譬如，教师出示：弟弟很可爱，＿＿。问：弟弟很可爱，会有怎样结果？此话题的指向性很明确，且贴近学生的生活，他们就纷纷表示："弟弟很可爱，我们都喜欢他。""弟弟很可爱，我总爱抱他。"……接着，教师继续给话题："'小东学习认真，＿＿。'你们又会怎么说？"就这样，通过不断地给话题，拓宽学生的思路，让学生在仿说中熟悉这一句式的表达，降低后面仿写的难度。又如：

　　大大小小的昆虫又是唱，又是跳，跑的跑，飞的飞……到处生机勃勃。只有它，这个可怜的小毛虫，既不会唱，也不会跑，更不会飞。

——二年级下册《小毛虫》

　　这是并列句群，它通过将昆虫的生机勃勃与小毛虫的可怜形成鲜明对比，以此突显小毛虫的可怜。在学生了解了这一写作特点后，直接让学生仿说，他们同样困难重重——将哪些事物放在一起说呢？此时仍需教师提供话题，启发学生的思维。如：情境一，下课时间，同学们都在开心地玩，只有小明一人孤孤单单地坐在班级位置上；情境二，课堂上吵吵闹闹，但小红却在专心听讲……有了特定的描写对象，学生不会茫然，对仿说产生畏难情绪，而是将注意力集中在如何将学到的表达方法运用到自己的表达中。再如：

　　遥远的北京城，有一座雄伟的天安门，广场上的升旗仪式非常壮观。

　　遥远的新疆，有美丽的天山，雪山上盛开着洁白的雪莲。

——一年级下册《我多想去看看》

　　这两句话的表达颇有特点。第一句从"北京城"，到北京城的"天安门"，天安门上的"升旗仪式",从大范围到小范围。第二句同样是由大到小,逐步聚焦。一年级学生仿说这一句式最大的难点仍是内容。因此,在仿说的初始阶段,教师就可以通过出示一组组的事物,降低学生仿说的难度。如,教师出示一组事物——"鲤鱼溪 荷花塘 荷花"即鲤鱼溪的"荷花塘",荷花塘中的"荷花"。所给的事物学生很熟悉,且又是从大到小逐步聚焦的,此时学生就不用考虑仿说的内容,只需认真思考如何学着句子仿说,表达难度大大降低——"美丽的鲤鱼溪,有个荷花塘,荷花塘中盛开着朵朵荷花。""家乡的鲤鱼溪,有个大大的荷花塘,荷花塘中开着粉红色的荷花。"而从另一个角度看,帮学生扫除了内容上的障碍,也可以让他们将关注点聚焦在句式的表达上,大大提高了学习效率。

方式二:提供图片,让学生有话可说

有些范句需要学生借助想象进行仿说。教师若是对仿说内容不做要求,让学生随意发挥想象,看似降低要求,实则是增大学生仿说难度。因为这一学段的学生,形象思维占主导地位,他们较难进行凭空想象。反之,我们若能够给学生提供一些鲜活的图画作为参考,他们的表达则将更有质量。如让学生仿说《彩色梦》第二、三两节:

　　脚尖划过的地方,
　　大块的草坪,绿了;
　　大朵的野花,红了;
　　大片的天空,蓝了,
　　蓝——得——透——明!

　　在葱郁的森林里,
　　雪松们拉着手,
　　请小鸟留下歌声。
　　小屋的烟囱上,
　　结一个苹果般的太阳,
　　又大——又红!

——二年级下册《彩色的梦》

在没有一张张图画作为仿说凭借的情况下，学生往往只是根据这节诗歌语言上的特点，想到什么事物都往里填，并不会考虑通过这些事物是要展现怎样的一幅画面，就会出现这样的仿写：脚尖划过的地方，大片的树叶绿了，大片的稻田黄了，大个的苹果红了，红——得——像——火。正是因为他们脑子里是没有画面的，所以才会出现"树叶绿了"和"稻田黄了""苹果红了"这些不同季节的事物摆在一起。这是停留在机械模仿的层面上，对学生提高写话能力益处不大。

但若仿说时给他们提供一些简洁明了的图画：或是画着碧绿的柳树，粉红的桃花，清澈的小溪的春景图；或是画着红通通的苹果，黄灿灿的香蕉，大串葡萄的秋收图；或是白雪皑皑的冬景图……或是让学生课前自己准备一张图画，仿说时，拿出图画，看图进行仿说。有了图画的支撑，学生的仿说更有方向。同时，这样的看图仿说，能让学生意识到自己是在用诗歌来描述一个画面，而不是在玩"换词填空"的文字游戏。又如：

老虎跟着狐狸朝森林深处走去。狐狸神气活现，摇头摆尾；老虎半信半疑，东张西望。

——二年级上册《狐假虎威》

这是先概括后具体的总分句群。前一句概括地说——"老虎跟着狐狸朝森林深处走去"，后一句分别具体描述狐狸和老虎的模样。在仿说环节，教师出示如下一组图画，让学生看图仿说：

图3　周雅惠　画

这些图画正是适合此类句群，而有了图画的支撑，学生仿说难度同样大大降低。学生只要看着图，思考先怎样概括地介绍图中人物在做什么，再分别介绍人物动作，而无需凭空想象说话内容。难度降低了，他们可以就多幅图画，用同一句式反复口头练说，强化了先概括后具体的句群表达。

练说环节，提供话题与提供图片其目的是相同的，都是针对学生无内容可说的困境，通过形象的图画和话题情境提示练说内容，打开学生的思路。出示怎样的图画，提供什么话题，更有利于学生仿说，这是教师要认真思考的问题。

方式三：提前经历，丰富体验

有的范句在口头仿说时，学生必须要有一定的生活经历方能进行，但一、二年级学生的年龄特点决定了他们不能做到自主地留心生活，势必会忽略生活中的细节，这就需要教师有意识地提前布置他们去实践，去体会。有了生活经历的支撑，才能避免他们凭空胡乱地瞎扯。

如上面"读懂范句"环节说到的《曹冲称象》：

把大象赶到一艘大船上，看船身下沉多少，就沿着水面，在船舷上画一条线。再把大象赶上岸，往船上装石头，装到船下沉到画线的地方为止。然后称一称船上的石头，石头有多重，大象就有多重。

——二年级上册《曹冲称象》

在学生读懂此句群的表达特点后，放手让他们迁移介绍某一活动，如何能让学生更有收获呢？课前，将本单元"口语交际"这一版块——介绍一个小手工制作的教学提前：课前布置学生完成一个小手工制作，并思考如何介绍制作过程；课中学生讲述小手工制作过程，有意识引导他们关注到自己表达上的问题——不断重复使用连接词；课后，布置向家长介绍手工制作过程。有了这样的学习体验，有了反复使用连接词的经验，在学习《曹冲称象》一课的"读懂范句"环节，他们的感受会更深刻；而在仿说环节，他们有了做小手工的实践经验，有了向同学们介绍制作过程的经历，可以做到更有针对性地进行仿说。

方式四：分步骤，搭台阶

对于一些长句或句群，学生直接仿说存在难度，教师可以根据句式特点分小步进行，在逐一攻破难度后，完成整句话的仿说。

如仿写二年上册《小蝌蚪找妈妈》中的范句：

池塘里有一群小蝌蚪，大大的脑袋，黑灰色的身子，甩着长长的尾巴，快活地游来游去。

当学生明白了这句话的表达特点后，直接让他们仿说小兔子或小鸭子等，他们是有难度的。此时，需要我们教师适时分步骤，搭台阶，降低难度：第一步，看图，用"怎样的什么"来说说小白兔的特点。学生很容易就脱口而出"长长的耳朵""毛茸茸的身子""红红的眼睛""短短的尾巴"。第二步，出示句子：草丛中有一只小白兔，_____。让学生学课文用一句话来说说小白兔的样子。有了读懂范句这一环节的扎实学习，加上此环节分步骤进行，学生就比较容易完成——"草丛中有一只小白兔，红红的眼睛，胖乎乎的身子，竖着两只长长的耳朵，快活地窜来窜去。""草丛中有一只小白兔，长长的耳朵，毛茸茸的身子，摇着短短的尾巴，快活地蹦来蹦去。"第三步，拓展延伸，让学生学着上面"先说词语，再说句子"的方法仿说小鸭子、小乌龟。

又如仿写二年级上册《葡萄沟》：

葡萄一大串一大串地挂在绿叶底下，有红的、白的、紫的、淡绿的，五光十色，美丽极了。

这句话的仿写中，学生有两大难点：一是"有红的、白的、紫的、淡绿的"这与学生已有的表达结构"有的红，有的白，有的紫，有的淡绿"稍有不同，若没有让学生认识到这点，学生在接下来的仿写可能会延用他们所熟悉的句式"有的打球，有的踢球，有的跳绳"；二是后半句中"五光十色，美丽极了"这是对前面描述的概括，但学生往往只关注四字词语，忽略了内容上要与上半句对应。因此，这句话的仿写也需要教师分步骤，搭台阶。

第一步：仿说重点部分。出示几句学生所熟悉的句式：

课间真热闹，同学们有的跳绳，有的跑步，有的踢毽子，有的捉迷藏。

小动物的屋子，有的正方形，有的长方形，有的圆形，有的菱形。

让学生学着课文句子改写成只用一个"有"字的句式——"课间真热闹，同学们有跳绳的，跑步的，踢毽子的，捉迷藏的。""小动物的屋子，有正方形的，长方形的，圆形的，菱形的。"在这一步改述中熟悉新的句式。

第二步：聚焦后半句，学习表达。出示句子——"公园里的花都开了，有桃花、杏花、迎春花，＿＿＿＿＿。"让学生在上一阶段"读懂范句"的基础上补充后半句。这一步难点聚焦所说的四字词语应当对应上半句。

这样分步骤进行，分散难点，能让学生更有效地进行仿写。

三、仿写句子

学生口头练说后，就到了仿写句子环节。从读学写的角度看，上面"读懂范句""口头练习"两个环节都是为本环节的仿写句子做铺垫。

而对于仿写，经常听到老师们感叹，学生在课文仿写时都完成得不错，但在习作中却仍重复着自己已有的表达习惯。这是为什么呢？究其原因是因为学生在课堂仿写时只是在依葫芦画瓢，并没有真正掌握它。例如学习《雾在哪里》雾"怎么说＋于是怎么做＋结果怎样"的表达句式时，学生只学会了写"雾还会把什么藏起来"时，用上"怎么说＋于是怎么做＋结果怎样"这一表达方式。但一旦离开"雾还把什么藏起来？"这个语境，学生可能就想不到要用上这样句与句的连接方式来表达。

因此，在仿写句子环节，特别要注意防止"依葫芦画瓢"式的浅层次模仿，要让学生在仿写中习得能带得走的写话能力。这就要求在仿写环节注意做到以下两点：一是多次仿写。仿写句子环节不能满足于学生会仿写一句话，而是尽量让学生多写几句，这是从写的次数确保学生"熟能生巧"。二是迁移练写。仿说仿写时要设计好迁移练写，让学生在不同情境中运用所学到的句式来表达。

例如《雾在哪里》一课中的范句仿写。既要学着写雾"怎么说＋于是怎么做＋结果怎样"，还要迁移写其他事物"怎么说＋于是怎么做＋结果怎样"，让学生习得这种表达方式。让学生用"雾还会把什么藏起来"多写几句，可以写雾来到大山：

"我要把大山藏起来。"于是，他把大山藏了起来。无论是树林，还是树林中又高又壮的树木，全都看不见了。

雾来到大街：

"我要把大街藏起来。"于是，他把大街藏了起来。无论是来来往往的行人，还是奔跑的汽车都看不见了。

雾来到鲤鱼溪：

"我要把鲤鱼溪藏起来。"于是，雾把鲤鱼溪藏了起来。无论是池塘、鲤鱼，还是远处的石桥，都看不见了。

其次，在相同情境多次仿写的基础上，教师可以让学生用上"怎么说＋于是怎么做＋结果怎样"的句式学着写其他事物：

"我要把作业写得漂漂亮亮。"于是，他认真地写起作业。无论是语文作业、数学作业，还是英语作业，他都写得工工整整，漂漂亮亮。

"我要把饭菜吃完。"于是，他把饭菜都吃完了。无论是豆芽、蘑菇，还是香喷喷的米饭，都被他吃得一干二净。

"我要把房间打扫干净。"于是，他认认真真地打扫房间。无论是脏乱的桌面，还是杂乱的书柜，都被他打扫得干干净净。

"我要把这幅图画画得漂漂亮亮。"于是，弟弟拿起手中的画笔画起来了。无论是人、树木，还是高高的楼房，弟弟都画得栩栩如生。

仿写环节，迁移练写十分重要。学生在迁移练写时，从范句中所自带的情境，拓展到其他语境中，变换的是写话的内容，不变的是本范句值得学习的表达方式。他们在不断的举一反三中巩固了新的表达模式，得到了能带得走的表达能力。

四、展示交流

展示交流，即交流提高。落实好这个环节能发挥重要的作用。一方面，聚焦学生仿写时的主要问题，让学生在别人的错误中学习如何改正自己的错误；另一方面，通过展示优秀作业，再次强化范句的表达特点，拓宽学生仿写思路，学习迁移仿写更多的内容。

交流环节要提高实效，必然要做到"教学评"一致，突出范句的教学重点。例如上面提到的《曹冲称象》范句仿写的重点是学习在介绍活动过程时少用连接词，到了交流环节我们就应紧扣这个重点进行。以下是该课"展示交流"环节的教学实录。

教师展示一学生写的话：

首先，拿出三张粉粉嫩嫩的彩纸，将它们剪成长方形，并粘在一起。再把下面的口用白胶粘紧实来，这样装东西就不会漏。然后再拿一张彩条，粘到包的上面当提手。最后，在包上贴上可爱的图案，一个精美的包就完工了。

师：这是东东同学介绍制作手工包的过程，你们读一读，看看他都用到了哪些连接词？是否把过程说清楚了？

（生读并思考）

生₁：他用到了"首先""再""然后""最后"，我觉得他把过程说得很清楚。

师：是的，他用上连接词把手工包的制作过程写得很清楚。有没有同学觉得哪些连接词不用也可以呢？

生₂：我觉得那个"再"可以删去。

师：删去"再"字后，怎么改？你试试。

生₂：首先，拿出三张粉粉嫩嫩的彩纸，将它们剪成长方形，并粘在一起，下面的口用白胶粘紧，这样装东西就不会漏。

师：嗯，你把剪长方形、粘在一起、封口三个动作归为一个大环节，所以就把"再"这个连接词删去。你们觉得可以吗？

（生纷纷表示可以）

生₃：我认为开头的"首先"这个词，也可以删去。直接说我拿出三张粉粉嫩嫩的彩纸就可以了。

......

师根据学生交流修改片段（略）。

师：现在大家再次读读自己写的片段，看看哪些连接词同样可以做修改的。

（生边读边改）

就像这样，师生紧紧围绕范句的学习重点进行交流反馈，再次巩固了所学的知识。

下编：案例

第一章　一年级上册教学案例

这一学期，学生大多数时间在学习汉语拼音及识字写字。因此，向课文学写句的重点可以放在说一句完整的话和写一句完整的话这两方面。从上半学期说一句完整话的口头练习中感知"完整的一句话"，到下半学期写一句完整话的写句练习中强化"完整的一句话"的印象。

这一时期，教师要善于肯定，善于鼓励，善于激发学生写句的兴趣，让学生乐于用一句话来表达自己的想法。

一、从"说"起步

教师要有意识地培养一年级小学生写一句"完整"话的能力。而写一句"完整"的话可以从说一句"完整"的话开始。从说到写，说句与写句相结合，不断实践，逐步提高。

一年级教材中，有内容丰富的插图，应充分利用插图这一教学资源，利用这一阶段孩子好新、好奇、好仿、好问、好胜的心理特点，创设学生口头表达的契机，引导孩子们说好一句句"完整"的话。要有意识地渗透"谁在做什么"的主谓结构句子，以及"什么怎么样""谁是什么"的句式。

譬如，教学拼音的同时，可以渗透说话训练。教学"a o e"，指导学生看图说话：图上你看到了谁？（小姑娘）她在干什么？（唱歌）进而引导学生说完整的一句话："小姑娘在唱歌。"接着让学生说还有"谁在做什么"，学生自然会说"公鸡在打鸣""小白鹅在游泳"……这就是在强化"谁（什么）在干什么"的句型。又如教学《四季》，引导学生观察课文中四季图，图上画了什么？它怎样？学生在观察后会说"小草长出来了""荷叶圆圆的""麦穗弯腰了""冬天下雪了"。在说话中感受"什么怎么样"的句式。在教学《大小多少》时，鼓励学生在表达过程中运用数量词，如："这是一头牛""那是一只猫""左边是一群鸭子""右边是一只鸟"。在巩固量词的同时，感受"谁是什么"的句式。

正是教师有意识地让学生看图说句子，说完整的句子，使得学生对句子有了初步的感知。语言经验就在大量说"完整"句的语言实践中习得。

二、学写基本句式

一个完整的句子对于我们而言并不陌生，但对于低段学生而言却是比较抽象的。他们判断文本有几句话，往往是根据标点符号来判断，凡是看到句号、问号、感叹号和省略号，就认定为一句话。究竟怎样的句子才是一句完整的话，他们是比较模糊的。但由于他们的年龄特点，不宜从理论层面进行解说。因此，当学生在上一阶段说"完整话"，对"完整的一句话"有了一定感知时，接下来这个阶段则可以由浅入深地引导学生写一句"完整"的话，通过这些显性的写句练习，来加深学生对一句完整话的印象。从某个意义上讲，习作就是从写一句完整的话开始。培养学生写句能力，可以为学生今后的习作打下扎实的基础。

例如一年级上册第8课《小书包》课后题：

● 读一读，做一做。

我会把文具摆放整齐。

我会自己整理书包。

"读一读""做一做"的基础上学着说句子，学生更多是机械模仿——"我会自己穿袜子""我会自己收拾笔盒"。但若我们换种方式，搭建几个台阶，变着方式让学生说，收获可能要大得多。

首先，在学生读一读，做一做的基础上，围绕"＿＿也会自己整理书包"练习说话。让学生自由发挥，既可以填"我"，也可以填弟弟、妹妹，还可以是具体的人名。如，"弟弟会自己整理书包""小东会自己整理书包"，让学生在说句子的同时感受到一句话主语的存在。然后，又以"我除了会自己整理书包，还会做什么？"这个问题，让学生用"我会_____"来说说自己还会做什么。目的在于让学生说话时感受宾语。最后，在进一步理解这一句子后，让学生用"___会___"说话。此时的开放性更大，教师可以启发和鼓励学生尽量运用学过的字词——"奶奶会用新手机了""弟弟会自己吃饭了"……最后，让学生选择其中一句话写下来，不会的字用汉语拼音代替。这样有梯度地练习说句子，让学生感性地知道"___会___"这个主谓宾结构的句子。

又如一年级上册《比尾巴》一课中的问答式表达很有特点，可以让学生在反复诵读中感受一问一答的句式。同时，还可以将课文进行重组："谁的尾巴长？猴子的尾巴长。""谁的尾巴短？兔子的尾巴短。"……

能说课文中的几种动物的变化后，引导学生拓展："谁的耳朵长？兔子的耳朵长。""谁的样子最可爱？兔子的样子最可爱。"……最后让学生选择一句问答工整地写下来。

这些句子短小，学生仿写难度不大，但这样的仿说仿写训练能进一步强化学生对各种完整句子的理解。

另外，向课本学写基础句式的同时，还可以有序地引导学生认识一些简单句子的最基本结构，如，"谁是什么""谁干什么""谁怎么样"……这里的"谁"不一定是特指人，可以是物，也可以是一件事。适时设置相应的写句练习，以丰富学生对一句话的感知。下面以"谁是什么""谁怎么样""哪里有什么"这三个最基本的句式为例，谈谈如何指导学生写好最基础的句子。

句式一　谁是什么

【教学范句】

小强是个小男孩。

【读写提示】

"谁是什么"这是比较典型的判断句子。这个基础句式是学生在今后写话中经常用到的。这里的"谁"可以是人——"我爸爸是名军人",也可以是物——"它是只大肥猫",还可以是一件事——"玩积木是我的最爱"。对于一年级学生,可以引导学生从人或物说起。比如主语是人物的,我们可以引导学生在说的基础上,写好下面的句式。

谁是+什么(身份):他是一名小学生。

谁是+什么(性别):小强是个小男孩。

谁是+身材+身份:小强是一个胖墩墩的小学生。

谁是+身材+性别:小丽是一位小个子的姑娘。

谁是+性格+性别:小强是个爱笑的小男孩。

……

教学中,若教师给予恰当的引导,学生是可以写好这一句式的。

【教学实录】

第一步:范句引路,读懂句子结构

出示:

小强是个小男孩。

师:这句话说的是谁?

生:小强。

师:他是什么?

生:他是个小男孩。

出示:

妈妈是位老师。

师:这句话说的是谁?

生:妈妈。

师:她是?

生:她是位老师。

教师在一问一答间将句子中的词语标注如下：

<u>小强</u>是个<u>小男孩</u>。
（谁　是　什么）

<u>妈妈</u>是位<u>老师</u>。
（谁　是　什么）

教学说明：对于一年级学生，教师不能教授什么是"主语"，什么是"谓语"，什么是"宾语"，这只会徒增学习的难度。这一环节意在通过师生间的一问一答理清这一句式的结构。

第二步：仿说句子，强化句子结构

学生仿着范例说句子，教师通过提问强化。

师：像这样"谁是什么"的句子，你们会说吗？

生：小丽是个小学生。

生：我姐姐是个小学生。

……

教学说明：我们的学生由于年龄特点，很容易受到例句或同学的影响，教师要适时引导提问启发学生打开思路。

师：谁用这样的句子来介绍一下自己的妈妈？

生：我的妈妈是一名厨师。

生：我的妈妈是教师。

生：我的妈妈是爱唱歌的人。

师：这位同学说得真棒！其他同学都是介绍妈妈的职业，她能从妈妈的特点来介绍——"我的妈妈是爱唱歌的人"。谁也能这样介绍自己身边的人？

教学说明：及时肯定从不同角度仿说的同学，引导学生从"性格""职业""身材""爱好"等方面介绍他人。

生：我爸爸是个爱打球的人。

生：小东是个爱笑的人。

师：谁还能像老师这样加上身材来介绍呢？

出示：

小丽是个小个子的女生。

生：妹妹是个胖胖的小女孩。

生：周老师是个又高又壮的人。

……

教学说明：在学生仿说句子时，教师通过及时评价与有意提醒拓宽学生的思路，引导学生将"谁是什么"的句式说丰富。

第三步：仿写句子

师：现在请同学们写一两句这样的句子，不会的字用拼音代替。

（学生写句子，教师个别指导）

第四步：展示与交流

（略）

教学说明：展示交流这个环节十分重要。我们通过展示学生写的句子，一方面展示的学生得到肯定，另一方面教师紧扣句子引导，让学生进一步感受到句子的结构。

附加题：扩句游戏

教学之余，若学生学得比较轻松，教师还可以和他们一起玩扩句游戏。

1. 揭示游戏规则

师：同学们现在我们来玩扩句游戏。游戏规则是，我出示一句话，你们试着让句子变长。比如我说：小白是只狗。你们就可以说：小白是只白色的狗。另一个人可以接着说：小白是只白色的胖嘟嘟的狗。这样一来句子是不是就越来越长了？（说明游戏规则，展示句子课件）

教学说明：教师结合具体的句子介绍游戏规则，让下面的游戏环节更顺畅。

2. 扩句游戏

出示：

小明是小学生。

师：谁来读读这句话？

（指名一学生读句子）

师：谁能让句子变长？

生：小明是一名小学生。

生：小明是一名一年级小学生。

生：小明是个乐于助人的一年级小学生。

……

出示：

爸爸是厨师。

师：谁能让这句话变长？

生：爸爸是个大厨师。

生：爸爸是个厨艺高超的大厨师。

生：爸爸是个厨艺高超的胖厨师。

……

教学说明：玩扩句游戏要学生一句比一句长，对一年级学生而言有一定难度，教师可以根据班级情况适当降低难度。

3. 写一写

师：大家可以选择刚才说的其中一两句话写下来，不会的字用拼音代替。

（生写句，师个别指导）

4. 展示与交流

（略）

教学说明：教师将学生所说的句子汇总在一起，让他们感知句子可以十分丰富。

【作业选登】

1. 小明是个有耐心的人。

2. 我的小舅舅是个篮球高手。

3. 我的爸爸是一名很厉害的理发师。

4. 我弟弟是个淘气包。

5. 爷爷是个种花高手。

6. 妈妈是个特别爱笑的人。

7. 妈妈是一个手艺高超的顶级厨师。

8. 我的哥哥是一名大学生。

9. 他是一个爱发脾气的人。

10. 她是个白白胖胖的女生。

11. 姐姐是一名优秀的小学生。

12. 我是一名光荣的少先队员。

13. 妈妈是个爱唠叨的人。

14. 大树是小鸟的家。

15. 树叶是虫子的食物。

句式二　什么（谁）怎么样

【教学范句】

荷叶圆圆的。

【读写提示】

这是学习"什么（谁）怎么样"的句式。这个句式里的"谁"同样可以是人——"谁怎么样"。如："83岁高龄的邓小平爷爷格外引人注目""妈妈很开心"。也可以是事物——什么怎么样。如："荷叶圆圆的""池塘里的水满了"。这是平常说话、写话中经常用的句式。它可以以短句的形式出现，如："荷叶圆圆的""池塘里的水满了""妈妈很开心"。也可以是形式多样的长句，如："天空那么蓝，那么高""大海，蓝蓝的，又宽又远""沙滩，黄黄的，又长又软"。

面对不同学情的学生，我们可以有不同的要求。刚起步写话时，可以只写短句，在有一定写话基础后，可以学着课文写长句。

【教学实录】

第一步：范例引路，读懂句子结构

1. 出示范句，指名朗读

出示：

荷叶圆圆的。

2. 师生问答，初步了解句子构成

师：这句话说的是什么？

生：荷叶。

师：怎么样？

生：圆圆的。

师：这儿还有一句话"池塘里的水满了"。谁来说说这句话写的是什么？

生：池塘里的水。

师：怎么样？

生：满了。

教师在师生一问一答间将句子用不同的标志标记。如下：

荷叶圆圆的。

（什么　怎么样）

池塘里的水满了。

（什么　怎么样）

教学说明：这个环节意在通过师生间的一问一答加深学生对句子构成的感性认识，为后面的仿说句子打下基础。由于面对的是一年级的学生，概念化讲解他们不容易接受，反倒是通过针对具体范例的一问一答更容易让他们读懂句子结构。

3. 出示多个例句，丰富积累

师：课文中也有很多这样的句子，我们来读一读。

出示句子：

天气凉了，树叶黄了，一片片叶子从树上落下来。

天空那么蓝，那么高。

——一年级上册《秋天》

大海，蓝蓝的，又宽又远。

沙滩，黄黄的，又长又软。

——一年级上册《项链》

教学说明：在学有余力的基础上，多读读课文中这样的生动化语句，有利于丰富学生的积累。

第二步：仿说句子，强化句子结构

1. 出示图画，仿说句子

（出示一张蛋糕的图画）

图4　李仙春　画

师：谁来说说这蛋糕怎样？

生₁：这蛋糕好大呀。

生₂：这蛋糕看起来真美味。

生₃：这蛋糕圆圆的。

生₄：这蛋糕有两层。

教学说明：看图说句子，不仅让学生有话可说，而且让他们感受到平时大家都在说这样的句子，说句子并不难。

（继续一组图画，学生看图说句子）

图5　李仙春　画

生$_1$：冬天，雪花飘。

生$_2$：小河里的河水都结冰了。

生$_3$：草儿绿油油的。

生$_4$：春天，桃花红了。

生$_5$：油菜花黄灿灿的。

……

2. 放手仿说

师：像这样"什么怎么样"的句子，你们会说吗？

生$_1$：小草绿油油的。

生$_2$：教学楼很高大。

……

教学说明：教师可以通过提问引导学生打开思路。

师：大家都在说颜色。除了说颜色还可以说什么呢？比如，小草除了绿油油的颜色，还怎样？

生$_1$：小草长高了。

生$_2$：小草的叶子嫩嫩的。

师：嗯，说得多棒呀。除了说颜色，我们还可以说高度，说看起来的感觉，嫩嫩的。我们教学楼呢？

生$_3$：我们的教学楼有五层。

生$_4$：教学楼有许多教师。

……

教学说明：本环节让学生学着例句仿说句子，通过给事物、给图片等方式让学生有话可说，并在口头表达中加深对这一句式的感性认识。

第三步：仿写句子

师：现在请同学们写一两句这样的句子，不会的字用拼音代替。

（学生写句子，教师个别指导）

第四步：展示与交流

（略）

教学说明：展示学生写的句子，既可以启发学生的思路，又可以发现共性问题进行指导。这过程中仍通过提问，如：这句话写的是什么？怎么样？用此类问题来巩固加深对这一句式的认识。

【作业选登】

1. 春天真美啊！
2. 衣服越穿越小。
3. 仓鼠长得越来越胖了。
4. 蛋糕美味极了。
5. 你笑得真好看。
6. 公园里的花儿美丽极了。
7. 蚂蚁小小的、黑黑的。
8. 小树越长越高。
9. 今天的风凉飕飕的。
10. 上课了，同学们坐得端端正正。
11. 早上，太阳温暖着我的手心。
12. 我的哥哥很贪吃。
13. 我的姐姐学习特别好。
14. 妈妈上班很辛苦。
15. 夏天到了，荷花开了，荷叶在风中摇摆。
16. 儿童是祖国的花朵。
17. 班级的桌子被摆得整整齐齐。
18. 升国旗的时候，班级的队伍站得笔直笔直的。
19. 上课时，同学们坐得端端正正。
20. 公园里的花美丽极了。
21. 秋天到了，叶子渐渐黄了。
22. 大树长出了碧绿碧绿的叶子。
23. 秋天，枫叶红了，稻田里一片金灿灿的。
24. 狗狗是人类忠实的好朋友。

句式三　什么地方有什么

【教学范句】

树上长满了苹果。
教室里摆放着桌椅。
天空飘着白云。
池塘里游着小鱼。

【读写提示】

这也是很常见的一个句式，根据这一句式可以写成丰富的句子。虽然所说的都是"哪里＋有＋什么"，但地点不同，所说的事物不同，所对应的动词也有所不同。"苹果"对应的是"长满"，"桌椅"对应的是"摆放"，"白云"对应的是"飘着"，"小鱼"对应的是"游着"……正因为如此，这一句式的句子就显得很丰富。仿写这一句式时，在句子中用上恰当的动词，是学生学习的重难点。

随着学生语言积累的丰富，到了二年级，他们接触到了大量的诸如"绿油油的青草""欢快的人群"这样的词组后，还可以将这一句式写得更加生动。如：

蓝蓝的天空中漂浮着朵朵白云。
公园里盛开着一大片绿油油的小草。
田野里长满碧绿碧绿的青菜。
草原上奔跑着一匹匹奔驰的野马。
花丛中飞舞着一群美丽的蝴蝶。

【教学实录】

第一步：范句引路，读懂句子结构

1. 出示范句，指导朗读

出示：

> 向课文学写句

树上长着苹果。

（师指名读）

2. 师生问答，初步了解句子构成

师：这句话说的是哪里有什么？

生：说的是"树上有苹果"。

师（标注）：

树上长着苹果。

（哪里　有　什么）

师：苹果在树上，这儿用了一个词是？

生：长着。

师：是的，苹果在树上，就说"树上长着苹果"。

出示：

桌上放着一个苹果。

师：这儿说的是哪里有什么？

生：桌子上有苹果。

师：那苹果在桌子上用的是？

生：放着。

教师将两句话放在一起对比阅读：

树上长着苹果。　　　桌上放着一个苹果。

（哪里　有　什么）　　（哪里　有　什么）

师：第一句说的是哪里有什么？（生：树上长着苹果）第二句说的是哪里有什么？（生：桌上放着一个苹果）我们一起来读读这两句话。

教学说明：将这两个例子摆放在一起，并通过着重号突出了"长着""放着"两个不同的动词，让学生关注句子动词的使用。

第二步：仿说句子，强化句子结构

出示插图，学生仿说句子。

（出示蓝天白云图，见图6）

师：请认真观察这幅图，谁用"哪里有什么"的句子说说？

生₁：天上飘着白云。

图 6　蓝天白云

生₂：天空中飘着一朵朵白云。

板书：

飘着

师：说得多好！说的是哪里？（天上）有什么？（白云）连起来就说（天上飘着白云）。

出示风景图：

图 7　李仙春　画

师：看着这幅图，谁还能说说哪儿有什么？

生：池塘里开着荷花。

板书：

开着

生：池塘里游着一群小蝌蚪。

板书：

游着

师：真棒！不仅说了池塘里有什么，还用上了"一群"，表达更准确了。池塘里游着一群蝌蚪，而不是游着一条蝌蚪。

教学说明：教师这样细致的点评实则在对学生进行指导，再一次强化这个句型。

生：荷叶上停着一只美丽的蜻蜓。

板书：

停着

师：她说的是哪里？（荷叶上）有什么？（一只美丽的蜻蜓）连起来就是"荷叶上停着一只美丽的蜻蜓"。

（教师不断变换着出示不同的图画，让学生看图说句子）

……

教学说明：当学生没有思路时，教师可以出示一些生活中常见的图片启发学生的思路。如蓝天白云图、山野图、果园图等。

师（小结）：你们看，刚才我们说的都是"哪里有什么"的句子，我们还用上了不同的动词。

第三步：仿写句子

师：现在请同学们写一两句这样的句子，不会的字用拼音代替。

（学生写句子，教师个别指导）

第四步：展示与交流

（略）

教学说明：此处展示与交流主要关注：1. 句子是否通顺；2. 句中的动词是否恰当。

【作业选登】

1. 公园里开着一盆盆美丽的鲜花。

2. 田野里长着一棵棵好吃的白菜。
3. 池塘里游着一群群黑色的鲤鱼。
4. 天空中飘着一朵朵洁白的云朵。
5. 教室的窗户挂着一把把不同款式的雨伞。
6. 草地上跑着一群可爱的小朋友。
7. 小溪里游着一条条可爱的小鱼。
8. 池塘里开着一朵朵美丽的荷花。

三、写四要素俱全的一句话

【课文范句】

早上，妈妈在房间看书。

妈妈晚上在客厅看电视。

【读写提示】

四要素俱全的句子指的是一句话就将时间、地点、人物、事情都交代清楚。在一年级的看图写话中经常看到这样的题目"图中画的是谁？他们在什么地方？在干什么呢？"我们看到，题目指向图中的时间、地点、人物和事情等四要素。学生掌握了写一个四要素俱全的句子的这项本领，在面对看图写话或写日记时，将得心应手。

一年级的学生有能力写出这样的句子吗？教学实践证明，教师通过口头问答，搭设台阶，让学生拾阶而上，一年级学生是完全有能力写出这样的一句话。但因有一定的难度，可根据班级情况分两课时完成。

【教学实录】

第一课时

第一步：范句引路，读懂句子结构

1. 出示范句，指名朗读

早上，妈妈在房间看书。

2. 师生问答，初步了解句子构成

师：这句话说的是什么时候？

生：早上。

师：谁？

生：妈妈。

师：在哪里？

生：在房间里。

师：在干什么呢？

生：看书。

教师通过师生间一问一答将句子的四要素用不同的标志标记。如下：

早上，妈妈在房间看书。

（时间　谁　在哪儿　干什么）

教学说明：这个环节意在通过师生间的一问一答加深学生对四要素句子构成的了解，为后面的说句子打下基础。因为面对的是一年级学生，要用通俗易懂的"什么时候""谁""在哪里"来取代"时间""地点""人物"。

第二步：仿说句子，强化"四要素"

师：谁能模仿着例子说一句话呢？

生$_1$：今天，弟弟在家里玩玩具。

师：他说的是什么时候？

生$_2$：今天。

师：说的是谁？

生$_3$：弟弟。

师：在哪里？

生₄：在家里。

师：干什么？

生₅：玩玩具。

师：真不错，一句话就把什么时间，谁在哪里，干什么说清楚了。

（继续指名学生说句子，教师引导）

……

教学说明：说为写打基础。读懂范例环节在范句上标明"时间""谁""在哪里""干什么"，这相当于给学生说话的支架，大大降低了说"四要素"句子的难度。而此环节通过针对"四要素"的反复提问，不断地强化"要素"。

第三步：仿写句子

师：现在请同学们写一两句这样的句子，不会的字用拼音代替。

（学生写句子，教师个别指导）

第四步：展示与交流

（略）

教学说明：展示学生写的句子，并通过提问感受句子的四要素。

【作业选登】

1. 今天，我和姐姐在家里做作业。

2. 星期六，小明在图书馆看书。

3. 课间时间，全校学生在操场上做早操。

4. 中午，妈妈在房间里睡午觉。

5. 昨天，奶奶在山上采茶叶。

6. 下雨天，我们在家里看电视。

第二课时

第一步：读懂句子结构

变换语序，意思不变。

出示：

早上，妈妈在房间里看书。

（时间　谁　在哪儿　干什么）

请生读句子。

师：你们可以变换顺序说这个句子，而且意思不变。

出示：

"谁""什么时间""在哪儿""干什么"

生：妈妈早上在房间里看书。

教学说明：因为创设了支架，所以难度较低。如果直接让学生变着说，他们将因不理解意思而乱猜。

第二步：仿说句子

出示：

课间，同学们在操场上玩游戏。

师：这句呢？谁会变着说？

生：同学们课间在操场上玩游戏。

出示：

冬天，青蛙在洞里冬眠。

师：谁来说说这句？

生：青蛙冬天在洞里冬眠。

（继续出示句子，让学生变换顺序说）

（略）

教学说明：不断地出示话题让学生变换顺序说。在多次的说句中熟悉这一形式的四要素句子。

第三步：仿写句子

师：现在请同学们写一两句这样的句子，不会的字用拼音代替。

（学生写句子，教师个别指导）

第四步：展示与交流

（略）

教学说明：不断展示学生写的句子，并通过提问感受句子的四要素。

第五步：拓展延伸

布置每天写一句话日记。让学生们每天坚持写一句四要素俱全的句子来记录生活。

教学说明：通过写一句话日记来巩固学习成果，让学生在写句实践中熟练掌握这一方法。

【作业选登】

1. 青蛙冬天在洞里冬眠。
2. 妈妈周末在家包饺子。
3. 我星期六下午在学校学舞蹈。
4. 爸爸昨天在书店里买书。
5. 爷爷今天在乡下种田。
6. 奶奶这几天在老家采茶叶。

第二章　一年级下册教学案例

本册向课文学写句有两个重点。一是学写各种丰富的复句。有直接使用关联词的复句，如"一……就……""要是……就……""……也……"；更多的是不使用关联词的复句，当中既有因果关系的，也有承接关系的。二是抓实写句的重中之重，即写句时学习加入修饰词让句子更具体，以及两个连续动作的连动句。这是为下一阶段写更为复杂的句子打基础。教学时，要避免机械模仿，要落实好"远迁移"，让学生在迁移运用中习得句式。另外，学习正确使用标点符号，也要给予关注。

一、吃水不忘挖井人

【课文范句】

村子里没有水井，乡亲们吃水要到很远的地方去挑。

【读写提示】

这句话上半句说的是原因，下半句说的是结果。正因为"村子里没有水井"，所以"乡亲们吃水要到很远的地方去挑"。表达结构为"原因＋结果"。

教学时，要让学生读懂这之间的关系。这样的句式一年级学生日常生活中并不常用。仿说时，教师可通过提供话题的方式，搭设台阶，降低仿说仿写难度。另外，一年级学生写句子，标点的正确使用是重点，所以在仿写与展示环节，要关注本句话的逗号、句号。

【教学实录】

第一步：读懂句子结构

出示：

村子里没有水井，乡亲们吃水要到很远的地方去挑。

（指名读这句话）

师：乡亲们为什么要到很远的地方去挑水？

生：因为村子里没有水。

师：你们看这句话，上半句"村子里没有水井"是原因，后半句"乡亲们吃水要到很远的地方去挑"是结果。

在句子中标注出来：

村子里没有水井，乡亲们吃水要到很远的地方去挑。

　（原因）　　　　　　　（结果）

师：原因是——

生：村子里没有水井。

师：结果呢？

生：乡亲们吃水要到很远的地方去挑。

教学说明：通过师生间的问答，让学生读懂这句话表达结构为"原因＋结果"，为下面环节的仿说、仿写打基础。

第二步：搭台阶，仿着说

1. 扶着仿说

师：这样的句子，你们也会说吗？老师说上半句，你们说下半句。

出示：

弟弟很可爱，……

师：因为弟弟很可爱，结果会怎样呢？

生$_1$：我们都喜欢他。

师：你连起来说一说。

生$_1$：弟弟很可爱，我们都喜欢他。

师：弟弟很可爱，结果还会怎样呢？

生₂：弟弟很可爱，我总爱抱他。

生₃：弟弟很可爱，大家都让着他。

……

出示：

小东学习认真，……

师：小东学习认真，结果会怎样？

生₁：小东学习认真，想不考一百分都难。

（全班哈哈笑）

生₂：小东学习认真，总是得到老师的表扬。

……

教学说明：这一步意在通过给上半句，让学生说下半句的方法，以降低仿说的难度。且仿说的内容贴近学生的生活，让学生有话可说。

2. 放手仿说

师：先说原因，再说结果，这样的句子你们还会说吗？

生₁：姐姐总是打我，我见到她躲得远远的。

师：姐姐打我是原因，我见她就躲是结果。很好。

生₂：语文老师很温柔，我们都爱上他的课。

……

教学说明：在上一阶段给上半句说下半句的基础上，放手让学生根据句子结构自由仿说。

第三步：仿写句子

师：现在请同学们将刚才说的写下来。写一两句这样的句子，不会的字用拼音代替。

（学生写句子，教师个别指导）

第四步：展示与交流

（略）

教学说明：本环节的展示，至少有两方面作用：一是展示学生句子，让他们在展示的过程中得到肯定，激发写话的兴趣；二是通过展示，让同学相互学习，相互启发。

【作业选登】
1. 她学习十分认真，成绩总是班级第一。
2. 弟弟可爱极了，我总爱逗他。
3. 今天天气终于放晴，我们可以去爬山啦！
4. 今天不下雨，终于可以上体育课了。
5. 这个地方树木很少，经常发大水。
6. 小明上课不认真，总是被老师批评。
7. 我特别喜欢踢足球，每学期都报足球兴趣班。
8. 今天很冷，我多穿了件衣服。

二、我多想去看看

【课文范句】

遥远的北京城，有一座雄伟的天安门，广场上的升旗仪式非常壮观。

遥远的新疆，有美丽的天山，雪山上盛开着洁白的雪莲。

【读写提示】

这两句话的表达颇有特点，所写事物从大到小，最后聚焦在一个事物上。第一句写的是"北京城"，北京城的"天安门"，天安门上的"升旗仪式"。从"北京城"这个大范围说到"升旗仪式"这个小范围。第二句写的是"新疆"，新疆的"天山"，天山上的"雪莲"，同样是由大到小，逐步聚焦。

熟读的基础上，可将句中的"北京城""天安门""升旗仪式"等关键词语变红，启发学生去发现这三个事物之间的关系：升旗仪式是在天安门，而天安门在北京城。通过关键词，让学生读懂句子的特别之处，为仿写打好基础。仿说时，为降低难度，可以先由老师出示一组词，让学生在此基础上仿说，在学生领悟其中表达特点后，放手让其自由仿说。

【教学实录】

第一步：读懂句子结构

1. 学习第一句

出示句子：

遥远的北京城，有一座雄伟的天安门，广场上的升旗仪式非常壮观。

师：这句话说的是哪里？

生：北京城。

师：北京的哪里？

生：天安门。

师：最后说的是天安门广场上的？

生：升旗仪式。

教师根据交流，标注如下：

遥远的北京城，有一座雄伟的天安门，广场上的升旗仪式非常壮观。

师：你们觉得老师画出来的这三个词，它们之间有什么关系？（生思考）这广场上的升旗仪式是哪儿的广场？

生：天安门。

师：说得好。那天安门又在哪儿呢？

生：在北京。

师：是啊，你看"北京城""天安门""升旗仪式"，你们发现它们之间的关系了吗？（给学生思考）北京城里的？（天安门）天安门广场上的？（升旗仪式）先说最大的北京城，再说里面的天安门，最后写天安门的升旗仪式，由大到小。来，我们再一起读读这句话。

（生齐读句子，变着花样读，读熟这句话）

2. 学习第二句

出示句子：

遥远的新疆，有美丽的天山，雪山上盛开着洁白的雪莲。

师：这句话与上句话有什么相同点？

(教师点拨"天山"即句子中的"雪山")

(有了上一句学习的基础,同学们纷纷举手)

生:先说遥远的新疆,再说美丽的天山,最后说雪山上的雪莲。

师:谁能说得更清楚一点?

生:先说新疆,再说新疆的天山,最后说天山上的雪莲。

教师根据学生的发言,标注如下:

遥远的新疆,有美丽的天山,雪山上盛开着洁白的雪莲。

师:是的,说得多好。这句话说的就是新疆的天山,天山的雪莲。我们也来读读这句话。(变着花样读,熟读这句话)

师(总结):这两句话都是先说一个大地方,再说这个地方的一处小地方,最后介绍其中的一样事物。第一句说的是北京城的天安门,天安门广场上的升旗仪式。第二句说的是新疆的天山,天山上的雪莲。那这样的句子你们也会说吗?我们来试试。

第二步:搭设台阶,仿着说

1. 扶着仿说

出示第一组词:

鲤鱼溪　荷花塘　荷花

师:这里有"鲤鱼溪",鲤鱼溪的"荷花塘",还有塘中的"荷花"。谁能学着上面的句子来说说?不急,同桌之间先说一说。

(同桌互说,教师适当点拨)

师:谁来说说?

生₁:美丽的鲤鱼溪,有个荷花塘,荷花塘里盛开着朵朵荷花。

师:嗯,鲤鱼溪的荷花塘,荷花塘里的荷花。不错,还有谁也会说?

生₂:家乡的鲤鱼溪,有个大大的荷花塘,池塘里开着粉红色的荷花。

师:由"家乡的鲤鱼溪",说到"大大的荷花塘",再到"粉红色的荷花",由大说到小。

(时间允许的话,可以引导学生多说几句)

出示第二组词:

校园　操场　红旗

师：看着这一组词，你还能说吗？

（学生思考中）

生₃：我们的校园，有个大大的操场，旗台上的红旗迎风飘扬。

师：你们听，他从校园说到操场，从操场说到红旗。不错。但大大的操场，你们觉得可以怎么改？

生₄：宽阔的操场。

师：嗯，宽阔的操场更恰当。谁还会说？

生₅：美丽的校园，有宽阔的操场，旗杆上的红旗在风中飘动。

师：这句话说得好！

教学说明：给学生关键的三个词语，是在降低仿说难度。学生不用考虑仿说的内容，只需认真思考如何学着句子仿说，这大大降低了难度，同时也将学生的关注点聚焦在句式的特点上。而同桌之间互说，意在让更多的同学动起来。若时间允许，还可以多出示几组词语让学生练说，如"草原、草地、骏马""公园、花圃、花朵"。

2. 放手仿说

师：同学们，你能用这样的句子来说说你生活中看到的事物吗？同桌之间先说一说。

（同桌互说—指名说）

生₁：宽广的草原，有一片青青的草地，草地上的骏马在欢快地奔跑。

生₂：我家的阳台，有一株茂盛的金桔树，树上结满了金黄的小金桔。

……

教学说明：放手让学生迁移到生活中的事物，让他们在举一反三中更好地掌握这一句式。

第三步：仿写句子

师：现在请同学们写一两句这样的句子，不会的字用拼音代替。

（学生写句子，教师个别指导）

第四步：展示与交流

（略）

教学说明：此处的展示重点关注：1. 所写事物是否是从大到小，逐步聚焦；2. 引导学生关注句中逗号的使用。

【作业选登】

1. 美丽的浦源，有一条远近闻名的鲤鱼溪，溪中的小鱼成群结队。
2. 我们的校园，有个小小的花园，花坛中央盛开着鲜艳的花朵。
3. 美丽的鲤鱼溪，有一条清澈的小溪，溪里一条条小鱼游来游去。
4. 美丽的鲤鱼溪，有个大大的荷塘，荷塘里开放着朵朵荷花。
5. 我家旁边的公园，有一大片花圃，花儿开得非常漂亮。
6. 宽广的草原，有一片青青的草地，草地上的骏马在欢快地奔跑。
7. 浦源的鲤鱼溪，有一片大池塘，一到夏天就开出朵朵粉红色的荷花。
8. 遥远的西藏，有一座壮丽的布达拉宫，里面有着举世闻名的文化瑰宝。
9. 美丽的鲤鱼溪，有一棵高大的网红树，树上开着朵朵梅花。
10. 我家的花圃，有一朵美丽的牵牛花，牵牛花的花瓣发出淡淡的清香。
11. 家乡的大山，有一道美丽的瀑布，水花冲击着岩石非常壮观。
12. 遥远的西安，有一座雄伟的大雁塔，阁楼上的艺术杰作非常多。
13. 家乡的大山，有著名的九龙漈瀑布，瀑布直冲而下非常壮观。

三、四个太阳

【课文范句】

我画了个绿绿的太阳，挂在夏天的天空。

我画了个金黄的太阳，送给秋天。

金黄的落叶忙着邀请小伙伴，请他们尝尝水果的香甜。

【读写提示】

这些句子有个共同的特点就是一句话里包含两个动作，如"我画了个绿绿的太阳，挂在夏天的天空"这句话中的"画""挂"。丰富学生动词的积累在一、二年级语文教材中常常作为课后题出现，可见这是这一学段的学习重点。对于一年级学生而言，连用两个动词写一句话可以作为他们写句训练的重点之一。

在教学中，我们通过抓住课文的典型句子，引导学生去发现，去学习，去仿写。这一例句的仿写，可以是多次地写，反复地展示。通过一次次的练习与展示让学生熟练掌握连用两个动词写一句话，为后面多个动词的写话打基础。

【教学实录】

第一步：读懂句子结构

1. 关注两个动词

出示句子：

我画了个绿绿的太阳，挂在夏天的天空。

（师指名读句子）

师：同学们，你们看这句话里有几个表示动作的词？

生：两个，是"画"和"挂"。

师：是的（在句子中圈出"画"与"挂"），我先画了个绿绿的太阳，再挂在夏天的天空。现在我们边读句子，边做动作。

（师生边读边做动作）

2. 找出类似的句子

师：课文中哪些句子也是一句话里有两个动作的？请把这些句子画出来。

（生读并画出句子）

生$_1$：我画了个金黄的太阳，送给秋天。

生$_2$：我画了个红红的太阳，送给冬天。

生$_3$：金黄的落叶忙着邀请小伙伴，请他们尝尝水果的香甜。

教师根据交流，标注如下：

我画了个金黄的太阳，送给秋天。

我画了个红红的太阳，送给冬天。

金黄的落叶忙着邀请小伙伴，请他们尝尝水果的香甜。

师：是的，这些句子中都有两个表示动作的词。你们观察句子中的标点，在使用上有没有什么特点？

（当学生没发现时）

师（引导）：你们看这两个动作之间都用上了什么标点？

生：两个动作之间用逗号。

师（强调）：是的，两个动作之间用上逗号。这个逗号很重要，不能丢。

教学说明：这个环节主要关注两个重点，一是句子中的两个动词，二是句子中的那个逗号。学用逗号是该学段学生学习的一个重点，我们不能都依赖学生自读自悟，而是要利用这些典型的例句教授他们怎么用好标点。

第二步：仿说句子

师：你们能说一句含有两个动作的句子吗？

生$_1$：我画朵红色的小花，送给同桌。

生$_2$：我画只鸽子，送给蓝天。

师：不一定都要是画画呀。你们看老师在做什么？（老师动作演示）我拿起一根粉笔，放进盒子里。"拿""放"是不是也是两个动作？谁还能说说？

生$_3$：我从书架上拿了一本书，津津有味地看起来。

生$_4$：我拿着渔网，兴高采烈地到河边捞鱼。

生$_5$：小鸟站在枝头上，望着远方。

……

教学说明：学生的思维很容易受到限制，原句是画画，他们往往在仿说时也只会说图画的内容。所以这个环节，教师要不断地开拓学生的思路，让他们从生活中寻找仿说内容。

第三步：仿写句子

师：现在请同学们写一两句这样的句子，不会的字用拼音代替。

（学生写句子，教师个别指导）

第四步：展示与交流

（略）

教学说明：一年级写句的展示环节很重要，特别是对于中下水平的学生。

展示中将学生较为优秀的写话作品一一展示，相当于让他们多了一次巩固学习的机会。

【作业选登】

1. 我画朵红色的小花，送给同桌。
2. 我拉住小明，让他等等我。
3. 我拿来了一张粉红的折纸，做一个精美的风车。
4. 我拿来了一张洁白的纸，画了一幅活灵活现的画。
5. 我拿着渔网，兴高采烈地到河边捞鱼。
6. 我提着袋子，蹦蹦跳跳地去采蕨菜。
7. 我拿起心爱的画笔，画了一幅五彩斑斓的画。
8. 弟弟倒了杯水，递给奶奶。
9. 我捡起口罩，丢到垃圾桶里。
10. 我画了朵红红的小花，送给大地。
11. 妹妹画了朵太阳花，送给同桌。
12. 我从书架上拿起一本书，津津有味地看起来。
13. 我捧起了一堆雪，做起了冰墩墩。
14. 我吹了一个红红的气球，送给妈妈。
15. 我倒了杯水，递给爸爸。
16. 我拿出一块蛋糕，送给哥哥。
17. 一阵风吹来，树叶从树上落下来。
18. 我拿起葫芦丝，吹起了《龙的传人》。

四、小公鸡和小鸭子

【课文范句】

小公鸡找到了许多虫子，吃得很欢。

小鸭子捉不到虫子，急得直哭。

【读写提示】

这句话并不特别，但学生却很少这样表达。他们会写"吃得很欢""急得直哭"这样的词组，但往往是用单句的形式，如"小公鸡吃得很欢""小鸭子急得直哭"。

教学时，要启发学生发现句子的特点，先写动作，再写怎么样，并通过搭设台阶，引导他们学着写这样的复句。

【教学实录】

第一步：读懂句子结构

出示句子：

小公鸡找到了许多虫子，吃得很欢。

师：同学们，你们读读这句话，看看这句话可以分几部分？

（生读句子）

生$_1$：两部分。

师：哪两部分？

生$_2$：逗号那儿分开。

师：是的，第一部分说它——找到了许多虫子；第二部分说它——吃得很欢。中间用逗号隔开。我们一起来读读。

（生齐读）

师："吃得很欢"是什么意思呢？小公鸡吃得很欢，你仿佛看到小公鸡怎样吃？

生$_3$：吃得很开心。

生$_4$：吃得很快。

师：是的，我们一边读，一边想象它的样子吧。

（生齐读）

第二步：搭设台阶，仿着说

1. 扶着仿说

出示句子：

小鸭子捉不到虫子，急得直哭。

师：那这句话分几部分？

生₁：也是两部分。第一部分说找不到虫子，第二部分说它急得直哭。

师：那小鸭子找不到虫子吃，还会"急得——"？

（师动作提示——跺脚）

生₂：急得直跺脚。

（教师手指脸部，配合表情）

生₃：急得满脸通红。

师：谁能连着说一说？

生₄：小鸭子捉不到虫子，急得直跺脚。

生₅：小鸭子捉不到虫子，急得满脸通红。

师：我们也来学着这样表达。

出示句子：

我考试不及格，_____。

师：当你考试不及格的时候，你会_____？

生₆：会伤心得直掉眼泪。

师：连起来说说。

生₇：我考试不及格，伤心得直掉眼泪。

师：谁还会说？

生₈：我考试不及格，伤心得哇哇大哭。

生₉：我考试不及格，急得直哭。

……

出示句子：

我突然收到妈妈给的生日礼物，_____。

师：当你突然收到妈妈送的生日礼物，你会？

生₁₀：我突然收到妈妈给的生日礼物，开心地跳起来。

生₁₁：我突然收到妈妈给的生日礼物，开心地抱住妈妈。

……

教学说明：在仿说环节，单纯地让学生说这类短语，是比较有难度的。因此通过创设情境，激发起他们的生活经验，让他们更容易表达。

2. 放手仿说

师：像这样的句子，你们还会说吗？

课件出示：

  考了高分 摔倒

  收到礼物 拔牙

  得到玩具 爬山

  ……

生$_1$：我考了一百分，高兴得跳了起来。

生$_2$：爸爸买来了我最爱的草莓，我吃得津津有味。

生$_3$：我没考一百分，伤心得直流泪。

生$_4$：我爬到山顶，累得直喘气。

生$_5$：今天我去拔牙，疼得大喊大叫。

……

第三步：仿写句子

师：现在请同学们学着写两三句这样的句子，不会的字用拼音代替。

（学生写句子，教师个别指导）

第四步：展示与交流

（略）

教学说明：此处展示环节主要关注：1. 句子的结构"动作＋怎么样"；2. 句子中的逗号。对于一年级学生，逗号的使用是学习的重点，我们在练说时就应有意识地结合具体句子进行教学。

【作业选登】

1. 妈妈煮了一桌子的好菜，我吃得津津有味。
2. 爸爸买来了我最爱吃的草莓，我吃得开心极了。
3. 我家的小白狗叼不到骨头，急得团团转。
4. 小白兔找到了许多红萝卜，吃得很欢。

5. 小山羊在山坡上找到了许多青草,吃得很香。
6. 弟弟找不到玩具,急得哇哇大哭。
7. 小猪唏哩呼噜在上课时睡觉,呼噜声逗得大家哈哈大笑。
8. 今天晚上我拔牙,疼得打哆嗦。
9. 弟弟摘不到桃子,急得抓耳挠腮。
10. 我考了一百分,高兴得跳了起来。
11. 弟弟找不到糖果,急得直哭。
12. 我一口气爬到山顶,累得直喘气。
13. 我在冰箱里找到了蛋糕,吃得很欢。
14. 弟弟找不到玩具,伤心得直流泪。
15. 我没考一百分,伤心得睡不着觉。
16. 下雨了,我没带伞,急得团团转。
17. 我忘带作业了,急得说不出话来。

五、树和喜鹊

【课文范句】

树很孤单,喜鹊也很孤单。

树有了邻居,喜鹊也有了邻居。

树很快乐,喜鹊也很快乐。

【读写提示】

这是一个典型的并列复句。句子用一个"也"字将上半句与下半句连在一起,写出了两样不同的事物或者两个不同人物的共同特点。树和喜鹊的共同点是孤单,就表达为"树很孤单,喜鹊也很孤单";树和喜鹊的共同点是都有了邻居,就表达为"树有了邻居,喜鹊也有了邻居";树和喜鹊共同点为都很快乐,则表达为"树很快乐,喜鹊也很快乐"。

教学时，要从抓住句子中事物的共同点入手，强调"也"字的作用。这句话的仿写对一年级学生难度不大，但课堂上要引导学生打开思路，在不断仿说中将句式积累在心中。

【教学实录】
第一步：读懂句子结构
1. 读懂范例
出示句子：
树很孤单，喜鹊也很孤单。
师：树和喜鹊共同感受是？
生：孤单。
（结合生活经历理解"孤单"一词）
师：是的，树很孤单，喜鹊也很孤单。句子用哪个字将它们连起来？
（生思考，教师给予提示）
生："也"字。
师：是的，我们一起来读读这句话。
（生齐读）
教学说明：教学直奔重点，抓住句子中树和喜鹊的共同点——孤单，不做过多的分析。

2. 找出类似的句子
师：课文中像这样的句子还有吗？
（生读文）
教师根据学生反馈出示：
树有了邻居，喜鹊也有了邻居。
树很快乐，喜鹊也很快乐。
师：从第一句话你读懂了什么？
生$_1$：我知道树和喜鹊都有了邻居。
生$_2$：我知道树和喜鹊的共同点是都有了邻居。
生$_3$：它用"也"字连接起来。

师：看来大家读懂了。那第二句呢？

生₄：说的是树和喜鹊都很快乐。

生₅：也是用"也"字连接。

师：我们来读读这三句话。

（生齐读）

教学说明：将三句相同句式的句子放在一起，学生更容易感知这些句子表达的特点。

第二步：搭设台阶，仿着说

1. 扶着仿说

师：这样的句子你们也会说吗？如果我想说，我和小明都很开心，可以怎么说？

生₁：我很开心，小明也很开心。

生₂：还可以说"小明很开心，我也很开心"。

师：想说爸爸妈妈都很爱我。

生₃：爸爸爱我，妈妈也很爱我。

（教师多说几种情境，让生仿说句子）

……

教学说明：这个环节紧扣这个句式的特点——句子中的两个事物有共同点，并通过提供情境的方式，让学生仿说。仿说时，学生是根据表达目的思考如何表达，符合真实的表达需求，避免了学生浅层次的机械模仿，知其然而不知其所以然。

2. 放手说

师：谁还会说这样的句子？

生₁：爸爸辛苦，妈妈也很辛苦。

生₂：春天很美，秋天也很美。

……

第三步：仿写句子

师：现在请同学们写一两句这样的句子，不会的字用拼音代替。

（学生写句子，教师个别指导）

第四步：展示与交流

（略）

教学说明：此处的展示与交流重点关注：1. 句子中两个事物的共同点是否一样；2. 强调句子中逗号的使用。

【作业选登】

1. 我爱吃苹果，妈妈也爱吃苹果。
2. 爸爸爱我，妈妈也爱我。
3. 老师很伤心，同学们也很伤心。
4. 妹妹笑了，弟弟也笑了。
5. 我很开心，妈妈也很开心。
6. 捉迷藏很有趣，丢沙包也很有趣。
7. 男同学喜欢跳绳，女同学也喜欢跳绳。
8. 楼上很热，楼下也很热。
9. 暑假很有趣，寒假也很有趣。
10. 春天很美，秋天也很美。

六、端午粽

【课文范句】

外婆一掀开锅盖，煮熟的粽子就飘出一股清香来。

【读写提示】

"一……就……"这一关联词，在我们生活交际中经常用到，学生仿说难度不大。但对于使用这一关联词起到的效果，一年级学生并不一定清楚。教学范句时，可以通过删减这一关联词，让学生在对比阅读中领悟其表达效果。明白用上了"一……就……"，更突显粽子很香。仿说时，教师同样可以通过对比让学生进一步感受到这一关联词的妙处。

【教学实录】

第一步：读懂句子表达特点

出示：

外婆一掀开锅盖，煮熟的粽子就飘出一股清香来。

（指名朗读）

师：同学们，这句话让你觉得外婆包的粽子怎样？

生1：粽子很香。

师：老师将这两个字删去，你们再读读，有什么不一样？

出示：

外婆一掀开锅盖，煮熟的粽子就飘出一股清香来。

外婆掀开锅盖，煮熟的粽子飘出一股清香来。

（学生自读）

生2：第二句就感觉不到锅盖一掀开，就闻到香味。

生3：删去这两个字，我们还以为掀开锅盖很久才飘出清香。

生4：第一句有"一"和"就"让人觉得粽子的清香都盖不住，一掀开锅盖，清香就飘出来。

师：说得真好。特别少了哪个字，让你感觉不到粽子的香味盖不住？

生5：一掀开的"一"字。

师："一"掀开，就飘出来，可以看出粽子很香。我们再一起读读这句话。

生（齐读）：外婆一掀开锅盖，煮熟的粽子就飘出一股清香来。

教学说明：这样对比阅读，有利于培养学生的语感。

第二步：搭设台阶，仿着说

1. 创设情境，仿说句子

师：我们也用上它们说句子吧。我们想表达妈妈很忙，可以说：妈妈一回家，就……

生1：妈妈一回到家，就开始煮饭。

生2：妈妈一回到家，就忙了起来。

生₃：妈妈一回到家，就开始打扫卫生。

师：那如果我想表达弟弟很贪玩，可以怎么说？

生₄：弟弟一到家，就玩起玩具。

生₅：弟弟一有时间，就跑出去玩。

……

教学说明：这个环节出示表达目的——"想表现妈妈很忙""想表达弟弟很贪玩"，让学生据此进行仿说，不仅可以防止学生机械模仿，而且强化了这一关联词的表达效果。

2. 放手仿说

师：你还会用"一……就……"表达什么呢？试着说句话。

生₁：爸爸一有空，就看手机。

师：这表现了爸爸很爱看手机。

生₂：我一到考试，就特别紧张。

师：这表现了什么？

生₂：我考试的时候很紧张。

生₃：奶奶一回到家，就开始织毛衣。

……

第三步：仿写句子

师：现在请同学们写一两句这样的句子，不会的字用拼音代替。

（学生写句子，教师个别指导）

第四步：展示与交流

（略）

教学说明：此处展示交流更侧重于在展示中加深学生对这一句式的印象。

【作业选登】

1. 弟弟一到家，就抱着小熊不放手。
2. 我一做完作业，就往外跑。
3. 妈妈一接我回来，就到楼上呼呼大睡。
4. 弟弟一回家，就开始看电视。

5. 我一回到家，就写作业。

6. 我一来到教室，就开始大声读书。

7. 下课铃一响，同学们就飞快地冲出教室。

8. 妈妈一到家，就开始煮饭。

9. 奶奶一有空，就开始织毛衣。

10. 我一打开锅盖，就闻到了馒头香味。

11. 妈妈一走进房间，就叫我认真写作业。

12. 爸爸一回到家，就津津有味地吃起饭来。

13. 老鼠一看到奶酪，就冲了上去。

七、彩虹

【课文范句】

我拿着圆圆的月亮照着你梳头，你高兴吗？

【读写提示】

这是一个复句。虽说这一概念不需要向一年级学生教授，但在教学时，教师可用学生听得懂的表述方式向他们渗透。如：这句话可以分成两个句子，"我拿着圆圆的月亮照着你梳头"为第一句；"你高兴吗？"为第二句。因为想问的是我这样做，你高兴吗？两句话关联性很强，所以将这两句话连成一句话，中间就用上逗号。这不仅用深入浅出的语言让学生初略感知这句话的结构，而且向学生渗透标点的使用。这句话的仿写难度不大，我们在课堂上可以创设生活情境，调动学生生活经验，让学生有话可说。

【教学实录】

第一步：读懂句子结构

1. 读懂范句

出示：

我拿着圆圆的月亮照着你梳头，你高兴吗？

（指名读—学生齐读）

师：这句话说我怎么做的？

生₁：我拿着圆圆的月亮照着你梳头。

（教师将这部分标注）

师：问的是？

生₂：你高兴吗？

教师根据交流，标注如下：

我拿着圆圆的月亮照着你梳头，你高兴吗？

师：这个句子可以分为两句话，先说我怎么做，再问你高兴吗？但想问的是我这样做，你高兴吗？两句话关系很密切，就连成了一句话，中间用上了逗号。现在女生读画横线部分，男生读画波浪线部分。

（男女生配合读）

2. 找出相似句子

师：课文中还有这样表达的句子吗？

教师根据学生反馈，出示以下句子：

你就不用挑水去浇田，你高兴吗？

我拿着圆圆的月亮照着你梳头，你高兴吗？

你看见了，高兴吗？

师：这三句话都很相像，我们一起来读读。

（齐读三句话）

教学说明：将相似的句子摆放在一起，更容易突显它们的句式特点。

第二步：搭设台阶，仿着说

1. 创设情境，仿说

师：我们也来试着说一说。

出示：

＿＿＿＿＿＿＿＿＿＿，您高兴吗？

师：你经常会做哪些事情，让爸爸妈妈、爷爷奶奶高兴呢？想一想，谁来说一说？

生₁：妈妈，我考了一百分，您高兴吗？

师：嗯，看来妈妈很希望你能考高分。谁接着说？

生₂：妈妈，我主动把垃圾扔了，您高兴吗？

生₃：妈妈，我把作业写得工工整整，您高兴吗？

师：说得都很不错。除了妈妈，还想对谁说？

生₄：爷爷，我回来看您，您高兴吗？

师：嗯，我想你爷爷一定很高兴。

生₅：奶奶，我给您买了蛋糕，您高兴吗？

师：看来你奶奶很爱吃蛋糕呀！

……

2. 拓展迁移

师：这后半句不仅可以问，您高兴吗？还可以换成：您开心吗？您知道吗？是真的吗？您需要吗？你能试着用上这些词来说句子吗？

出示：

您开心吗？您知道吗？您需要吗？是真的吗？……

（同桌互说）

教学说明：给出话题，不急于指名说，而是让学生同桌互说，让更多的学生有思考、表达的机会。

（指名说）

生₁：我和弟弟和平相处，您开心吗？

生₂：奶奶，我很想念您，您知道吗？

生₃：我想送您一只仓鼠，您需要吗？

……

教学说明：仿说"_____，您高兴吗？"这属于近迁移，而拓展到"_____，您需要吗？""_____，是真的吗？"这属于远迁移。让学生将学到的句式进行远迁移，有益于他们真正掌握这一句式。

第三步：仿写句子

师：现在请同学们写一两句这样的句子，不会的字用拼音代替。

(学生写句子，教师个别指导)

第四步：展示与交流

(略)

教学说明：此处展示与交流重点关注：1. 句子是否通顺；2. 引导学生留意句子中的逗号与问号的使用。

【作业选登】

1. 我把作业写得工工整整，您高兴吗？
2. 你穿上漂亮的衣裳，高兴吗？
3. 爷爷，我给您的花浇水，您高兴吗？
4. 弟弟，我和你一起玩玩具，你开心吗？
5. 疫情结束，就不用戴口罩了，你高兴吗？
6. 我很想念您，您知道吗？
7. 我买一只可爱的仓鼠送给你，你高兴吗？
8. 我给你一块石头糖，你开心吗？
9. 今天的街上很安静，你听见了吗？
10. 我主动把垃圾扔了，你高兴吗？
11. 你吃到了香甜的蛋糕，幸福吗？
12. 妈妈，我把客厅打扫干净，您开心吗？
13. 我请你去美优乐吃炸鸡，你愿意吗？

八、荷叶圆圆

【课文范句】

小水珠说："荷叶是我的摇篮。"小水珠躺在荷叶上，眨着亮晶晶的眼睛。

【读写提示】

这两句话在教学时有两处地方需要加以指导：一是通过想象将荷叶比喻成摇篮、停机坪、歌台与凉伞，既要考虑是否贴切，还要与下面进一步的描述相吻合；二是第二句连用两个动词对小动物进行描述，让叙述更加具体。

学习动词的准确使用，对学生将来的写话、习作都有很大帮助。因此，本次仿写的重点可以放在后一句连用动词描写小动物的状态。

【教学实录】

第一步：读懂句子结构

1. 感受恰当的比喻

出示句子：

小水珠说："荷叶是我的摇篮。"小水珠躺在荷叶上，眨着亮晶晶的眼睛。

小蜻蜓说："荷叶是我的停机坪。"小蜻蜓立在荷叶上，展开透明的翅膀。

小青蛙说："荷叶是我的歌台。"小青蛙蹲在荷叶上，呱呱地放声歌唱。

小鱼儿说："荷叶是我的凉伞。"小鱼儿在荷叶下笑嘻嘻地游来游去，捧起一朵朵很美很美的水花。

师：同学们，通过上面的学习，我们已经知道了小水珠、蜻蜓、青蛙、鱼儿分别把荷叶当成了摇篮、停机坪、歌台、凉伞。你们觉得这些可以调换一下顺序吗？为什么？

出示板书：

    小水珠 摇篮

    小蜻蜓 停机坪

    小青蛙 歌台

    小鱼儿 凉伞

生$_1$：不能。因为小水珠在荷叶上，大大的荷叶就像它的摇篮。

师：能不能说是它的歌台呢？

生$_2$：不能。

师：为什么？

生₃：因为小水珠在荷叶上又没有发出声音，怎么能说是它的歌台。

师：说得多好。其他的能换吗？

生₄：小鱼儿躲在荷叶底下才称为凉伞，也不能换作其他的。

生₅：小蜻蜓停在荷叶上的样子像飞机，所以说荷叶是它的停机坪才合适。

师（小结）：看来，我们要根据它们的特点来说话，这才能说得恰当。

教学说明：这一环节主要针对第一句中准确而形象的比喻。

2. 学习动词的准确使用

师：荷叶给每个小伙伴都带来了乐趣！不同的小伙伴在圆圆的荷叶上都在做什么呢？请同学们大声朗读课文，并用笔圈画出它们的动作。

（生自由读并圈画）

师：你来说说都圈了什么？

生：躺在　眨着　立在　展开　蹲在　歌唱　游　捧起

生说，师板书：

　　小水珠　　摇篮　　躺　眨着
　　小蜻蜓　　停机坪　立　展开
　　小青蛙　　歌台　　蹲　歌唱
　　小鱼儿　　凉伞　　游　捧起

师：我们先来看小水珠。同学们，看图想象一下这小水珠在荷叶上会怎样？

生₁：它躺在荷叶上会滚来滚去。

生₂：我觉得它在阳光下会亮晶晶的。

师：对呀，所以诗人说它正在眨着亮晶晶的眼睛。多逗人的小水珠，躺在摇篮里多舒服呀！谁能读一读呢？（生读）我们来加上动作读一读。

师：那小蜻蜓立在荷叶上，张开透明的翅膀，谁来做个动作？

（生做动作）

师：呵呵，多像呀。这么有趣的小蜻蜓，把荷叶当作停机坪了呢！让我们来读读吧！

（生边读边加上蜻蜓的动作）

师：谁来读读青蛙这句？

（指名生读）

师：能做个"蹲"的动作吗？（生做动作）小青蛙有了天然的歌台，瞧，它多开心呀！小朋友，你感受到了吗？那就把你的感受读出来吧！

（生自由读）

师：小鱼儿游在荷叶下的心情如何？

生$_3$：我觉得它很开心。

师：从哪儿感受到的？

生$_4$：从它笑嘻嘻地游着。

生$_5$：从它捧出很美的水花也能看出来。

师：谁能读好这句话？

（指名读，齐读，变着花样读这四段）

教学说明：此环节主要通过读句子，想画面，做动作等方式，感受范句生动的描写。

第二步：搭设台阶，仿着说

1. 展开想象

师：这一池美丽的荷叶还会把谁吸引过来？它们又把荷叶当作了什么呢？

生$_1$：蝴蝶也飞来了，它把荷叶当作舞台。

师：你想象一下，它会在荷叶上做什么？

生$_2$：蝴蝶会在荷叶上翩翩起舞。

师：你觉得还有谁会来？

生$_3$：蚂蚁也来了，它把荷叶当滑滑梯。

师：为什么是滑滑梯？

生$_4$：它会从荷叶的这头，滑到荷叶的那头。

师：想象力真丰富。

生$_5$：我想小蝌蚪也来了，它把荷叶当遮阳伞。因为它会躲到荷叶底下。

……

教学说明：延续课文情境，通过师生交流，启发学生想象，为后面的仿说做铺垫。

2. 仿说句子

师：同学们的想象力真丰富。那谁能学着课文的句子也来说一说呢？同桌之间先说一说。

（同桌互说—指名说）

生$_1$：蝴蝶说："荷花是我的舞台。"蝴蝶飞在荷叶中，翩翩起舞。

生$_2$：小蚂蚁说："荷叶是我的滑滑梯。"小蚂蚁说完，就爬上荷叶，在上面滑来滑去。

生$_3$：小蝌蚪说："荷叶是我的遮阳伞。"小蝌蚪说完，就游到荷叶底下。

……

教学说明：此环节重在引导学生展开想象，分解动作，描述小动物在荷叶上的活动。

第三步：仿写句子

师：请同学们展开想象，仿照课文写一两句话，不会的字用拼音代替。

（学生写句子，教师个别指导）

第四步：展示与交流

（略）

教学说明：此处展示交流关注两点：1. 前一句的比喻是否恰当；2. 后一句的动词是否准确。

【作业选登】

1. 蝴蝶说："荷花是我的舞台。"蝴蝶飞在荷叶中，展开双翅翩翩起舞。

2. 小蚂蚁说："荷叶是我的小船。"小蚂蚁站在荷叶上，安全地划到了岸边。

3. 小朋友说："荷叶是我的帽子。"小朋友们戴着荷叶帽，在太阳下跑来跑去。

4. 小蚂蚁说："荷叶是我的滑滑梯。"小蚂蚁快速爬上荷叶，开心地滑来滑去。

5. 小蝌蚪说："荷叶是我的遮阳伞。"小蝌蚪游到荷叶下，静静地乘凉。

6. 小蜜蜂说："花园是我的农场。"小蜜蜂停在花朵上，辛勤地劳作。

向课文学写句

7. 小鸟说:"云朵是我的小床。"小鸟轻轻地躺在云朵上,安安静静地睡着了。

8. 小鸟说:"大树是我的家。"小鸟在立在树枝上,望着远方的美景。

9. 小鱼儿说:"大海是我的家园。"小鱼儿在大海里自由自在地游来游去。

10. 小蜜蜂说:"花朵是我的粮食。"小蜜蜂立在花朵上,吃着香甜可口的花蜜。

11. 小蝌蚪说:"荷叶是我的游乐场。"小蝌蚪躲在荷叶下,抖着细细的尾巴在荷叶间捉迷藏。

12. 小马说:"草地是我的体育场。"小马来到草地上,快活地跑来跑去。

九、学习园地六

【课文范句】

小白兔割草。

小白兔在山坡上割草。

小白兔弯着腰在山坡上割草。

【读写提示】

这一组句子是在"谁(什么)+干什么"这一句式的基础上进行拓展。第二句在第一句的基础上加上地点,第三句又在上一句的基础上加上修饰语——弯着腰,一句比一句表达更加具体。这是将如何把一句话写得更具体分步呈现。学习将一句话写具体,这是一、二年级写句训练的又一重点。因此,此次仿写之后,我们可在这一段时间将这项训练作为写句训练的重点,从而提高学生写句能力。

【教学实录】

第一步：读懂句子结构

出示句子：

小白兔割草。

小白兔在山坡上割草。

小白兔弯着腰在山坡上割草。

师：请同学们认真读读这三句话，把它们不同的地方圈画出来。

（生读句子并圈画）

师：谁来说说你的发现？

生₁：第二句告诉我们小白兔在哪儿割草。

生₂：第三句还告诉我们小白兔是弯着腰割草的。

教师根据交流标注：

小白兔割草。（谁＋干什么）

小白兔在山坡上割草。（谁＋在哪儿＋干什么）

小白兔弯着腰在山坡上割草。（谁＋怎样地＋在哪儿＋干什么）

师：这三句话，你更喜欢哪一句？

生₃：我更喜欢第三句。它不仅让我知道小白兔在哪儿割草，还知道小白兔怎样割草。

生₄：我喜欢第三句，它说得更具体。

师：是的，第三句加上了"在哪儿""怎样"地割草，把小白兔割草说得更具体。

教学说明：在三句话的对比阅读中，让学生明白怎样的表达会让句子表述更加具体。

第二步：搭设台阶，仿着说

1. 仿照例子说句子

出示句子：

我在看电视。

小鸟在唱歌。

同学们在做操。

师：请选择其中的一句话，学着课文那样给句子补上"在哪里""怎样"，让句子更具体。

生₁：我在家里看电视。

我在家里开心地看电视。

师：嗯，第一句加上了地点，第二句再加上了"怎样"看电视，更具体了。

生₂：小鸟站在树枝上唱歌。

小鸟站在树枝上叽叽喳喳地唱歌。

师："在哪里"——在树枝上，"怎样地"——叽叽喳喳地。这么一说，把小鸟唱歌说得更具体了。

生₃：同学们在操场上做操。

同学们在操场上认真地做操。

师：加上"在操场上"和"认真地"把句子说得更具体了。

教学说明：这个环节通过学生的仿说，以及教师的点评引导强化如何把一句话说得更具体。

2. 放手仿说

师：现在我们来玩一个游戏，同桌两个，一个说一句话，另一个把这句话补充得更具体些。一会儿我请你们来展示。

（同桌互说—指名说）

教学说明：以游戏的形式，通过同桌互说，巩固此次练说重点。

第三步：仿写句子

师：请同学们仿照课文写几组这样的句子，不会的字用拼音代替。

（学生写句子，教师个别指导）

第四步：展示与交流

（略）

教学说明：此处展示交流重点关注一句话加上哪些内容会表达得更具体。

【作业选登】

(一)

小羊在吃草。

小羊在河边吃草。

小羊在河边低着头吃草。

(二)

爸爸在工作。

爸爸在李墩工作。

爸爸在李墩认认真真地工作。

(三)

我在看电视。

我在家里看电视。

我在家里津津有味地看电视。

(四)

我挖土豆。

我在地里挖土豆。

我在地里快乐地挖土豆。

(五)

我在溜冰。

我在公园里溜冰。

我在公园里自由自在地溜冰。

(六)

小鸟唱歌。

小鸟在树上唱歌。

小鸟叽叽喳喳地在树枝上唱歌。

(七)

哥哥嗑瓜子。

哥哥在客厅嗑瓜子。

哥哥在客厅悠闲地啃瓜子。

（八）

小蝴蝶飞舞。

小蝴蝶在花朵上飞舞。

小蝴蝶在花朵上优雅地飞舞。

（九）

小兔子吃草。

小兔子在草丛中吃草。

小兔子开心地在草丛中吃草。

（十）

妹妹吃蛋糕。

妹妹在厨房里吃蛋糕。

妹妹偷偷地在厨房里吃蛋糕。

（十一）

小燕子翱翔。

小燕子在天空中翱翔。

小燕子在天空中自由自在地翱翔。

（十二）

妈妈在睡觉。

妈妈在楼上睡觉。

妈妈搂着弟弟在楼上睡觉。

（十三）

弟弟讲故事。

弟弟在客厅讲故事。

弟弟拿着话筒在客厅讲故事。

（十四）

同学们做操。

同学们在操场上做操。

同学们在操场上认认真真地做操。

十、一分钟

【课文范句】

要是早一分钟,就能赶上绿灯了。

【读写提示】

"要是……就……"是表示条件关系的关联词语,例句中"早一分钟"是条件,"能赶上绿灯"是结果。教学时,不必让学生知道什么是"条件关系"的关联词,但要让学生明白:有了"早一分钟"这个条件,就会有"能赶上绿灯了"这个结果。这是学生仿说的前提。

【教学实录】

第一步:读懂句子表达特点

出示句子:

要是早一分钟,就能赶上绿灯了。

师:同学们,从这句话中,你知道能赶上绿灯的前提是什么?

生₁:要是早一分钟。

师:准确地说是——早一分钟。

(教师标注条件)

师:能早一分钟,就能有怎样的结果?

生₂:就能赶上绿灯了。

师:是的,这是"结果"。

师标注如下:

要是早一分钟,就能赶上绿灯了。

　　(条件)　　　　　(结果)

师:有了怎样的条件,就能赶上绿灯了?

生₃：要是早一分钟。

师：有了"要是早一分钟"这个条件，就……

生₄：就能赶上绿灯了。

教学说明：这句话比较简单，学生容易读懂。但若不加以引导，部分学生并不懂得这中间的关系，会让后面的仿说浮于浅层性模仿。

第二步：搭设台阶，仿着说

1. 给话题，仿说

出示：

_____，我们就可以出去玩了。

师：你们觉得我们可以出去玩，需要什么条件呢？谁能学着课文说一句话。

生₁：要是今天不下雨，我们就可以出去玩了。

师：嗯，有了不下雨这个条件，我们就可以出去玩了。

生₂：要是不惹妈妈生气，我们就可以出去玩了。

生₃：要是没有那么多作业，我们就可以出去玩了。

出示：

要是认真完成作业，_____。

师：这句子，你们也会说吗？

生₄：要是认真完成作业，妈妈就会夸奖我。

生₅：要是认真完成作业，我就不会考差了。

生₆：要是认真完成作业，老师就不会批评我了。

师：看来同学们已经会用"要是……就……"来说话了。

2. 放手仿说

师：现在同桌之间互相用"要是……就……"来说句子。

（同桌互说—指名说）

……

第三步：仿写句子

师：请同学们仿照课文写几句这样的句子，不会的字用拼音代替。

（学生写句子，教师个别指导）

第四步：展示与交流

（略）

教学说明：此处展示交流重点聚焦句子前后是否合理。

【作业选登】

1. 要是认真完成作业，就能得到表扬。
2. 要是带了雨伞，就不会被淋湿了。
3. 要是早点睡，就不会有黑眼圈了。
4. 要是早上吃饱点，就不会没放学就饿肚子了。
5. 要是哥哥不打我，我就不会哭了。
6. 要是姐姐在家，我就有人陪着玩了。
7. 要是没写完作业，就不能出去玩。
8. 要是哥哥没有抢妹妹的玩具，妹妹就不会哇哇大哭了。
9. 要是我没生病，就不用吃药了。
10. 要是大家安安静静地上课，老师就不会敲桌子了。
11. 要是晚上不下雨，我就可以去散步了。
12. 要是妹妹不捣乱，家里就不会鸡飞狗跳了。
13. 要是妈妈不用上班，就可以在家陪我了。
14. 要是我好好学习，妈妈就不会发火了。
15. 要是周末不下雨，我就可以去公园玩了。

十一、小猴子下山

【课文范句】

他看见满地的西瓜又大又圆，非常高兴，就扔了桃子，去摘西瓜。

向课文学写句

【读写提示】

这是一个长句。这句话分三层意思，第一层写"小猴看到了什么"，第二层写"小猴怎么样"，第三层写"小猴接着怎么做"。学生学写这样的长句，不仅能丰富他们的表达，而且有利于训练他们正确使用标点符号。在教学时，我们要让学生读出句子所表达的几层意思，并在入情入境的朗读中，读出句子的画面感。仿写可以结合课文《小猴子下山》这一情境展开。

【教学实录】

第一步：读懂句子的结构

1. 读懂范句结构

出示句子：

他看见满地的西瓜又大又圆，非常高兴，就扔了桃子，去摘西瓜。

师：请同学们自由读读这句话，并圈画出表示动作的词。

（学生自由读句子，并圈画动词）

师：谁来说说，你们都画了哪些词？

生：看见、扔、摘。（教师将这三个动词标红）

师：这句话说小猴子看见了？（西瓜又大又圆）怎么样？（非常高兴）他就怎么做？（他就扔了桃子，去摘西瓜）

教师根据学生回答，标注如下：

他看见满地的西瓜又大又圆，非常高兴，就扔了桃子，去摘西瓜。
　　（看见什么）　　　（怎么样）　　　（怎么做）

师：我们一起来读读这句话，可以边读边做动作。

（师生边读边做动作）

2. 找出类似的句子

师：课文中像这样的句子，你还能找到几句？

（生自由读文）

教师根据学生反馈，出示这三句话：

他看见玉米结得又大又多，非常高兴，就掰了一个，扛着往前走。

94

他看见满树的桃子又大又红，非常高兴，就扔了玉米去摘桃子。

他看见满地的西瓜又大又圆，非常高兴，就扔了桃子，去摘西瓜。

　　　（看到了什么）　　　　（怎么样）　　（就怎么做）

师：你们发现这几句话有什么特点？

生：这三句话都是先说看到什么，再说怎么样，最后说怎么做。

教学说明：把这三句话摆在一起，句子的表达特点就更加突显了。

第二步：搭设台阶，仿着说

1. 看图，仿说

师：同学们，你们看小猴子又来到了哪里？（出示苹果园图片）你觉得小猴子又会怎么做呢？请学着上面的句子也来说一说。

（学生看图想句子）

生₁：他看到满树的苹果又大又红，非常高兴，就摘了一个苹果，捧着往前走。

师：嗯，先说看到什么，接着说怎么样，最后说怎么做。不错。猴子摘苹果，捧在手上，这个"摘""捧"用得特别好。

生₂：他看到树上的苹果又大又多，非常高兴，就扔了西瓜，去摘苹果。

师：也说得很清楚。

（出示草莓图）

师：谁还能说说这幅图？

……

教学说明：让学生仿说与范例情境相似的内容，这"近迁移"降低了仿说的难度，让学生在较低难度的仿说中熟悉范例的表达结构。

2. 拓展迁移

师：其实在生活中，我们也可以学着这些句子先看到什么，再说怎么样，最后说怎么做。同桌之间先说一说。

（出示：看到什么＋怎么样＋怎么做）

（同桌互说—指名说）

生₁：我看见妈妈手上的大礼盒，非常高兴，就跑过去，打开礼盒。

生₂：我看见老师布置了很多作业，非常难过，就坐在那儿，一句话也不说。

生₃：我看见弟弟手上的雪糕，非常想吃，就求他给我咬一口。

……

教学说明：让学生根据范句的表达结构进行"远迁移"，意在通过举一反三，真正习得句式的表达特点。

第三步：仿写句子

师：现在请同学们写一两句这样的句子，不会的字用拼音代替。

（学生写句子，教师个别指导）

第四步：展示与交流

（略）

教学说明：此处的展示与交流重点关注：1. 学生所写句子是否是"看到什么＋怎么样＋怎么做"这一结构；2. 通过同学间的展示，拓展他们思路，巩固这一句式的表达。

【作业选登】

1. 他看见树上的苹果又红又大，非常激动，就拿了竹竿，去摘苹果。
2. 他看到桔子又红又多，非常高兴，就扔了苹果，去摘桔子。
3. 他看见满地的南瓜又大又圆，非常高兴，就扔了萝卜去摘南瓜。
4. 他看见满树的香蕉又大又黄，非常开心，就扔了芒果，去摘香蕉。
5. 小狗看见了诱人的狗粮，非常激动，就奔向狗粮，狼吞虎咽地吃了起来。
6. 我在广场上看到很多人跳舞，非常开心，就跑过去，和她们一起跳舞。
7. 下雪天，我看到了许多人在堆雪人，非常开心，就加入了他们，一起在雪中奔跑、嬉闹、堆雪人。
8. 我看到一只可爱的小猫，非常喜欢，就冲过去，想要抱住它。
9. 小鱼看见太阳公公出来了，河水解冻了，非常开心，就欢快地跳出了水面。
10. 哥哥看见一袋新买的零食，非常高兴，就扔下了面包，去拿零食。

11. 弟弟看见手机里播放着精彩的视频,非常高兴,就扔了玩具,去看视频。

十二、棉花姑娘

【课文范句】

燕子说:"对不起,我只会捉空中飞的害虫,你还是请别人帮忙吧!"

【读写提示】

燕子说的这句话表达了三层意思,首先表达了歉意——对不起,然后说自己只会捉空中飞的害虫,最后让棉花姑娘请别人帮忙。这样的表达不仅意思清楚,而且很有礼貌。课堂上,在学生读懂燕子说话艺术之后,可以先让学生根据课文情境学着表达,然后再拓展到生活中的其他情境进行练说。

【教学实录】

第一步:读懂句子结构

1. 读懂范句

出示句子:

对不起,我只会捉空中飞的害虫,你还是请别人帮忙吧!

师:同学们,请大家读一读这句话,想想这句话燕子都说了什么。

(生读句子)

师:谁来说说?

生$_1$:燕子说它只会捉空中飞的害虫。

师:是的,燕子说自己能做什么。除此之外,它还表达了什么?

生$_2$:它还说对不起。

生$_3$:它还让棉花姑娘请别人帮忙。

教师标注如下:

> 向课文学写句

燕子说："对不起，我只会捉空中飞的害虫，你还是请别人帮忙吧！"

师：你们看，燕子多懂得说话呀，通过一句话表达了自己的歉意——对不起，又告诉了棉花姑娘自己只会捉空中飞的害虫，还让棉花姑娘请别人帮忙。谁来当当燕子，读读这句话。

（请多位同学读句子）

……

教学说明：引导学生读出句子的三层意思，这是仿说仿写的前提。

2. 找出相似句子

师：同学们，文中还有这样的说话高手吗？

（生读文并圈画）

教师根据学生反馈出示：

啄木鸟说："对不起，我只会捉树干里的害虫，你还是请别人帮忙吧！"

青蛙说："对不起，我只会捉田里的害虫，你还是请别人帮忙吧！"

师：青蛙和啄木鸟也说了哪三层意思？

生$_1$：青蛙先说对不起，然后说自己只会捉田里的害虫，最后让棉花姑娘请别人帮忙。

生$_2$：啄木鸟先说对不起，然后说自己只会捉树干里的害虫，最后让棉花姑娘请别人帮忙。

教师根据学生反馈，标注如下：

啄木鸟说："对不起，我只会捉树干里的害虫，你还是请别人帮忙吧！"

青蛙说："对不起，我只会捉田里的害虫，你还是请别人帮忙吧！"

师：青蛙和啄木鸟一样懂得说话，我们也来读一读吧。

生齐读句子：

第二步：搭设台阶，仿着说

1. 提供话题，仿着说

出示话题：

同桌想向你借长尺，你却只有三角尺，你可以怎么说？

师：在生活中，我们也可以学着这样来表达。比如：同桌想向你借长尺，你却只有三角尺，你可以怎么说？

（学生思考）

师：请问你可以把长尺借我用一下吗？

生$_1$：对不起，我只有三角尺，你问问其他同学有没有吧。

师：好的。请问你有长尺借我用一下吗？

生$_2$：不好意思，我没有长尺，请你问问其他同学吧。

……

出示话题：

爷爷想让你帮他去拿个快递，你还剩一点作业没写完，你会怎么说？

师：如果爷爷想让你帮他去拿个快递，你还剩一点作业没写完，你又会怎么说呢？

生$_3$：爷爷，对不起，我作业就剩下一点了，您可以等会儿吗？

师：真是说话高手，先表达歉意，再说明理由，最后让爷爷等一会儿。表达得很清楚，爷爷一定很开心。

生$_4$：对不起爷爷，我还剩一点作业没写完，您可以让哥哥去拿吗？

师：同样把自己的想法表达得很清楚。

……

教学说明：创设真实的说话情境，不仅让学生有话可说，而且让他们知道学表达是有实用的，不是为了仿说而仿说。

2. 拓展延伸

师：我们在生活中就要像这样把自己的想法说清楚。现在同桌之间互相扮演角色，一个问，一个答，看谁也学会了说话艺术。

（同桌互说—指名说）

……

教学说明：放手让学生同桌之间相互扮演角色，在不断的巩固迁移中学会说话。

第三步：仿写句子

师：现在请同学们写一两句这样的句子，不会的字用拼音代替。

（学生写句子，教师个别指导）

第四步：展示与交流

（略）

教学说明：此处展示交流主要关注学生是否把每层意思都说清楚。

【作业选登】

1. 小明说："对不起，我要去楼上，你自己来完成吧。"
2. 我说："对不起，我没有黑笔，你去姐姐那里拿吧。"
3. 小明说："对不起，这件事我也解决不了，你还是请别人帮忙吧！"
4. 小明说："对不起，我要先回家写作业，你还是找别人吧。"
5. 妈妈说："对不起，我要做卫生不能陪你逛街，你还是找爸爸去吧！"
6. 小明说："对不起，我没看见你的剪刀，你还是去问问别人吧。"
7. 小红说："对不起，我的作业没写完，你去找别人玩吧。"
8. 小东说："不好意思，我还不想去，你问问小明吧！"

第三章　二年级上册教学案例

这一学期，向课文学写句的要求有所提升。首先本册所学范句，句子更长，表达内容更为丰富。其次在句中加修饰语与描写连续动作这两项写句重点也逐步提高要求。其中连动句由描写两个动作提高到描写多个动作。而更为重要的变化是由写句向写句群过渡。学生开始接触句群的描写，重点学写承接句群、总分句群以及并列句群。

教师要明确每个"课文范句"的价值，明晰训练重点，让学生在有效的实践中逐步形成能力。其中，句群教学重在深入浅出地指导学生了解句与句之间是如何连接的，进而迁移运用此类句群。

一、小蝌蚪找妈妈（一）

【课文范句】

池塘里有一群小蝌蚪，大大的脑袋，黑灰色的身子，甩着长长的尾巴，快活地游来游去。

【读写提示】

这句话抓住小蝌蚪最为突出的特点——大脑袋，长尾巴，用"大大的脑袋""黑灰色的身子""长长的尾巴"这相似的词组合在一起表达，显得简洁而且形象。这样的长句表达值得教学并积累。对于刚步入二年级的学生而言，仿写这样的长句有一定难度，因此，我们要深入浅出地引导学生了解句子表达特点，并通过分步骤、搭台阶的方式，降低仿写难度。

【教学实录】

第一步：读懂句子结构

（出示蝌蚪图）

师：同学们，这是一张小蝌蚪的图片，你们认真观察，看看小蝌蚪外形上最大的特点是什么？

生₁：它们的头和身子一样大。

生₂：尾巴很长。

生₃：身上的颜色是黑灰色的。

出示句子：

池塘里有一群小蝌蚪，大大的脑袋，黑灰色的身子，甩着长长的尾巴，快活地游来游去。

师：文中这句话，哪些词语也写出小蝌蚪的特点？请边读边画出这些词语。

（生读，并圈画）

生：大大的脑袋，黑灰色的身子，长长的尾巴。

生说，师标注如下：

池塘里有一群小蝌蚪，<u>大大的脑袋</u>，<u>黑灰色的身子</u>，甩着<u>长长的尾巴</u>，快活地游来游去。

师：我们一起来读读这些词语。（齐读）

师：你们看，这一句话就是把这些描写小蝌蚪特点的词连在一起。你们发现它们中间用什么标点符号？

生：中间都用逗号。

师：是的，这么长的一句话，中间用逗号来表示停顿。现在我们一起配合读，你们读画线部分，老师读剩余部分。

教学说明：教学时抓住两点，一是句子用"大大的脑袋""黑灰色的身子""长长的尾巴"写出了小蝌蚪的特点，二是这些词之间用到的是逗号，表示一句话之间的停顿。

（师生配合读—各种方式读）

教学说明：针对刚刚步入二年级的学生，我们不做过多的分析，而是通过师生配合读，边读边做动作，边读边想象等方式熟读这一句子。

第二步：分步骤，仿着说

1. 抓特点，说词组

（出示小白兔图画）

师：这是一只小白兔，你们看图，能不能用"怎样的什么"这样的词来说说它的特点？

生₁：长长的耳朵。

生₂：毛茸茸的身子。

生₃：红红的眼睛。

生₄：短短的尾巴。

……

教学说明：针对此范例仿写难度，我们通过分步骤，分解重点的方式降低难度。这一环节重在用词组来表现小白兔的特点。

2. 连词成句

师：那谁又能像课文这样用一句话来说说小白兔的样子呢？同桌之间先说一说。

（同桌互说—指名说）

生₁：那儿有一只小白兔，红红的眼睛，胖乎乎的身子，竖着两只长长的耳朵，快活地窜来窜去。

师：说得好，他用"红红的眼睛""胖乎乎的身子""长长的耳朵"介绍了小白兔的特点。课文中是"甩着"长长的尾巴，他用到的是"竖着"耳朵，这个词用得好。

生₂：那儿蹲着一只小白兔，雪白的身子，长长的耳朵，瞪着两只红宝石似的眼睛，安静地看来看去。

师：同样说得很棒！特别是他用了三个动作的词语"蹲着""瞪着""看来看去"，仿佛让我看到了这只可爱的小白兔。

……

教学说明：这一环节是学例句把词组串连成一句话。有了上一环节的基础，学生抓住小白兔的特点介绍已不成问题。因此，重点可放在句子中动词的使用上。

3. 拓展仿说

以同样的两个步骤，引导学生说小鸭子、小乌龟。

教学说明：本环节意在让学生在多次的迁移仿说中掌握这一句式。

第三步：仿写句子

师：请选择一只小动物，学着课文的句子写一写。注意字迹工整，用好标点。

（生写话，师个别指导）

教学说明：课堂内完成其中一个仿写，在展示交流后，可拓展仿写多种小动物，在举一反三中巩固表达习惯。

第四步：展示与交流

（略）

教学说明：此处展示交流重点关注：1. 是否抓住动物的特点；2. 句子中动词的使用；3. 句子标点的使用。

【作业选登】

1. 海滩上爬着许多小乌龟，小小的脑袋，圆圆的龟壳，甩着细细的尾巴，可爱极了。

2. 家门口站着一只小狗，尖尖的耳朵，毛茸茸的身子，摇着短短的尾巴，可爱极了。

3. 草丛里有一只小白兔，圆溜溜的眼睛，毛茸茸的身子，竖着一对长长的耳朵，快活地蹦来蹦去。

4. 池塘里有一群小鸭子，扁扁的嘴巴，蓬松的身子，瞪着一双圆圆的眼睛，快活地游来游去。

5. 大树上停着一只可爱的小黄鹂，尖尖的嘴巴，毛茸茸的身子，长着长长的尾巴，好看极了。

6. 草丛里有一只可爱的小兔子，长长的耳朵，圆溜溜的大眼睛，披着雪白雪白的绒毛，快乐地蹦来蹦去。

7. 树枝上有一只小鸟，尖尖的嘴巴，黄黄的绒毛，还有两只小小的脚，可爱极了。

8. 池塘里有一群小鱼，小小的嘴巴，金光闪闪的鳞片，甩着长长的尾巴，快活地游来游去。

9. 松树下坐着一只小松鼠，大大的尾巴，毛茸茸的身子，瞪着圆溜溜的眼睛，萌萌嘟嘟的。

10. 池塘里有一只小鸭子，扁扁的嘴巴，毛茸茸的身子，划着枫叶似的脚丫，自由自在地游来游去。

二、小蝌蚪找妈妈（二）

【课文范句】

荷叶上蹲着一只大青蛙，披着碧绿的衣裳，露着雪白的肚皮，鼓着一对大眼睛。

【读写提示】

这一处也是描写小动物的外形，句式同样写得很有特点。它一连用四个动词"蹲着""披着""露着""鼓着"所搭配的词组，写出了青蛙的外形特点。教学时，教师一方面要让学生读懂这一句式的特点，另一方面要引导学生学习范例，抓住动物最突出的外形特点来介绍。

【教学实录】

第一步：读懂句子结构

出示句子：

荷叶上蹲着一只大青蛙，披着碧绿的衣裳，露着雪白的肚皮，鼓着一对大眼睛。

师：同学们，请自由读读这句话，从中你知道了青蛙的什么特点？

（生读，思考）

生₁：知道青蛙是碧绿色的，而它的肚皮是雪白的。

师：句子很形象地说它？

生₂：披着碧绿的衣裳，露着雪白的肚皮。

（教师标注"披着""露着"）

师：它还有个特点是？

生₃：鼓着一对大眼睛。

教师根据学生回答，标注如下：

荷叶上蹲着一只大青蛙，披着碧绿的衣裳，露着雪白的肚皮，鼓着一对大眼睛。

师：同学们，你看这句话同样是抓住了青蛙最大的特点——绿衣裳、白肚皮、大眼睛。那你们发现这句话的另一个特点了吗？

（教师手势提醒四个动词）

生：这句话一连用了四个动词。

师：是的，这句话用上四个动词把青蛙的特点连起来。我们一起读，老师读动词，你们读后面的部分。

（师生配合读，边读边做动作，在读中加深印象）

教学说明：本环节教学紧紧抓住两个教学点：一是抓住青蛙的特点；二是作者怎样连用四个动词把青蛙的特点表述出来。这为后面的仿写打好基础。

第二步：搭设台阶，仿着说

1. 抓特点，说词组

（出示小白兔图）

师：看图，你们发现小白兔外形特点了吗？

生₁：雪白的身子。

师：我们用上动词，可以说穿着？

生₂：穿着白色的衣裳。

师：还发现其他特点了吗？试着用上动词来表达。

生₃：竖着长长的耳朵。

生₄：瞪着红红的眼睛。

……

教学说明：此范例有一定难度，一下子放手仿说，学生有困难。因此，我们将此句仿说最大难点——说词组，单独拎出来指导，降低难度。

2. 连词成句

师：你能学着这句话，来介绍小白兔的特点吗？同桌互说。

（同桌互说—指名说）

生₁：一只小兔子，穿着雪白的衣裳，瞪着红彤彤的眼睛，竖着一对长耳朵，快活地跳来跳去。

生₂：草地上蹲着一只可爱的小兔子，披着一身雪白雪白的绒毛，瞪着两只圆溜溜的大眼睛，竖着一对长长的耳朵。

……

教学说明：有了说词组为基础，学生学着范例将词组串连成一句话就显得不难了。此环节，教师主要就介绍的顺序稍作点拨。

3. 拓展迁移

依照上面两个步骤，迁移仿说松鼠、鸭子等。

教学说明：此环节意在通过多次的仿说实践，加深学生对这一表达句式的印象，进而掌握这一句式。

第三步：仿写句子

（出示小白兔、松鼠、鸭子、小鸡图画）

师：请选择其中一只写下来。注意字迹工整，用好标点。

（生写，师个别指导）

第四步：展示与交流

（略）

教学说明：此处展示与交流关注：1. 是否抓住动物的特点；2. 句中动词的使用；3. 标点符号的使用。

【作业选登】

1. 荷叶上蹲着一只青蛙，睁着大大的眼睛，穿着绿油油的衣裳，挺着圆鼓鼓的肚子。

2. 荷叶上蹲着一只大青蛙，眨着圆溜溜的眼睛，披着碧绿的衣裳，露出雪白的肚皮。

3. 草地上蹲着一只可爱的小兔子，披着一身雪白雪白的绒毛，眨着两只圆溜溜的大眼睛，竖着一对长长的耳朵。

4. 草丛里躲着一只小兔子，穿着雪白的衣裳，睁着红彤彤的眼睛，竖着一对长耳朵。

5. 树上有一只小松鼠，披着棕色的上衣，瞪着黑黑的眼睛，摇着毛茸茸的尾巴。

6. 河里游着一只小鸭子，穿着毛茸茸的衣裳，瞪着圆溜溜的眼睛，划着枫叶似的脚丫。

7. 鱼缸里游着一只小金鱼，穿着花衣裳，鼓着一对大眼睛，摆着长长的尾巴。

三、我是什么

【课文范句】

平常我在池子里睡觉，在小溪里散步，在江河里奔跑，在海洋里跳舞，唱歌，开大会。

【读写提示】

这是一个排比句，由多个"在哪里+干什么"的词组组成。单从句子结构看，这句话的仿写并不难。但在仿写时，学生通常是很随意地往句子里填"在哪里+干什么"，缺少表达上的思考。

教师可以引导学生去品读句子：首先，句子的表达准确。池子里的水往往是静止的，就称为"睡觉"；小溪里的水慢慢地流，就称为"散步"；江河里的水，快速地流，就称为"奔跑"；大海里的水在奔腾，就称为"跳舞，唱歌，开大会"。其次，句子还讲究按一定顺序表达。从池子，到小溪，再到江河，最后是大海，从静到动，从小到大。当然，面对二年级学生，这些只要他们初略感知，不需要能完全模仿到位。

【教学实录】

第一步：读懂句子结构

1. 发现句子表达顺序

出示：

平常我在池子里睡觉，在小溪里散步，在江河里奔跑，在海洋里跳舞，唱歌，开大会。

师：读读这句话，想想句子都说了"我""在哪里＋干什么"？

生₁：在池子里睡觉。

生₂：在小溪里散步。

生₃：在江河里奔跑。

生₄：在海洋里跳舞，唱歌，开大会。

教师随着学生的回答，在句子里标注如下：

平常我在<u>池子里</u>睡觉，在<u>小溪里</u>散步，在<u>江河里</u>奔跑，在<u>海洋里</u>跳舞，唱歌，开大会。

师：我们一起读一读。

（生齐读）

师：这句话四处写了"我""在哪里＋干什么"，你们读一读，发现它们为什么这样排列？

（生读，思考）

生₅：句子是从"池子"，到"小溪"，到"江河"，到"海洋"，按从小到大的顺序。

生₆：是从池子里的水不动，到小溪里的水慢慢地流，再到江河里的水快速地流，最后到海洋里奔腾。

师：是的，句子是按一定的顺序介绍的。

2. 体会准确表达

师：这句话除了有按一定的顺序来说，你们还发现它哪儿写的特别好？

（当学生没有注意到，教师可适当点拨）

师：这儿说"睡觉""散步""奔跑""跳舞，唱歌，开大会"能调换顺序吗？为什么？

（生思考—指名回答）

生₁：不能。因为池子里的水没有动，所以说它"睡觉"比较恰当。

生₂：我也觉得不能。池子里的水不动，是在"睡觉"；小溪里的水慢慢流，是在"散步"；江河里的水流得很快，是在"奔跑"；大海里的水一直在翻滚，是在"跳舞，唱歌，开大会"。

师：看来这句话不仅有按一定的顺序，而且说得非常恰当。

教学说明：此环节紧紧围绕"按一定顺序说"和"准确地表达"这两点，不做无关讨论。

第二步：搭设台阶，仿着说

1. 扶着仿说

师：现在我们来模仿这句话说一说。比如在学校，你都会在哪儿做什么呢？请想一想，和同桌说一说。

（同桌互说—指名说）

生₁：下课了，我在操场上跳绳，在校园里奔跑，在草地上唱歌，跳舞，玩游戏。

师：原句一连写了四个"在哪里干什么"，你只说了三个，能再补上一个吗？

生₂：下课了，我在操场上跳绳，在校园里奔跑，在图书角看书，在草地上唱歌，跳舞，玩游戏。

教学说明：这位学生的仿说是他们在仿写此范例的一个代表。句子中的四个地点"操场上""校园里""图书角""草地上"中"校园里""草地上"的指向是不明确的。"校园里"就包括了句子中的其他三个地点，而后面的"草地上"和"操场上"也有重复的嫌疑。这是学生仿写这句话常见的一个问题。比如，他们写周末——"周末，我在家里看书，在客厅看电视，在书桌前写作业,在房间里玩游戏,搭积木,画画。"句子中的四个地点划分得不清晰,"家里"就包括了其他三个地方。可以看出,他们并没有经过认真思考,往往是照着句子,很随意地往里填"在哪里干什么"。因此,我们在仿说环节要给予纠正。

师快速板书:

  操场上 跳绳

  校园里 奔跑

  图书角 看书

  草地上 唱歌 跳舞 玩游戏

师:你们看看,句子中这四个地点,你们觉得有问题吗?

(生思考)

生$_3$:他所说的"校园里"到底是哪里?是操场上,还是走廊上?

生$_4$:草地上不就是在操场上吗?

师:看来同学们发现了其中的问题。这四个地点说得不够明确。那谁能改改?校园里的活动,你会选哪四个地点?

生$_5$:教室,图书馆,操场,小花园。

生$_6$:教室,舞蹈室,书法室,美术室。

……

教学说明:让他们在修改句子前,先单独说出地点,是为了突出仿说难点,让更多的同学关注到这个问题。

师:谁再来说说,你们在学校里的活动?

生$_7$:课余时间,我在教室里和同学们聊天,在图书馆里看书,在操场上玩游戏,在小花园看小树,看蜻蜓,看蚂蚁。

生$_8$:平时我在教室里学知识,在舞蹈室里学跳舞,在书法室里写毛笔字,在美术室里画画,剪纸,做手工。

师(小结):你们看,他们说的四个地点各不相同,听起来就清楚了。

教学说明:在仿说环节紧紧抓住学生容易出错的地方给予指导,提高仿说质量。

2. 拓展迁移

师：现在，我们来说说周末在家的生活或是鸟儿自由自在的活动，要注意句子中的四个地点也要清楚。

……

教学说明：在重点指导说校园生活后，拓展迁移其他话题，有利于他们更熟练地掌握这一句式。

第三步：仿写句子

师：请学着例句仿写一两句，注意字迹工整，用好标点。

（生写，教师个别指导）

第四步：展示与交流

（略）

教学说明：此处展示与交流主要关注：1. 句子中的场地划分是否清楚；2. 标点使用是否正确。

【作业选登】

1. 周末，我在公园玩滑板，在文化宫做游戏，在外婆家门口玩老鹰捉小鸡，在体育场打球，跑步，跳绳。

2. 小鸟在树枝上唱歌，在天空中翱翔，在草坪上散步，在大森林唱歌，跳舞，做游戏。

3. 我周末的生活可丰富了，在家里写作业，在图书馆里看书，在体育馆里跳绳，跑步，踢毽子。

4. 平常，我在图书馆里看书，在家门口玩滑板车，在后门山登高，在体育场上散步，跑步，吹泡泡。

5. 小鸟在鸟窝里休息，在树枝上唱歌，在天空中飞翔，在大森林里跳舞，捉虫，玩游戏。

6. 秋天到了，我在草地上唱歌，在山坡上放风筝，在操场上玩游戏，在体育场上跳绳，长跑，踢足球。

四、植物妈妈有办法

【课文范句】
蒲公英妈妈准备了降落伞,
把它送给自己的娃娃。
只要有风轻轻吹过,
孩子们就乘着风纷纷出发。

苍耳妈妈有个好办法,
她给孩子穿上带刺的铠甲。
只要挂住动物的皮毛,
孩子们就能去田野、山洼。

豌豆妈妈更有办法,
她让豆荚晒在太阳底下。
啪的一声,豆荚炸开,
孩子们就蹦着跳着离开妈妈。

【读写提示】
这是一首充满情趣的科普作品,课文运用拟人的手法,介绍了蒲公英、苍耳、豌豆传播种子的方法,并根据植物种子的特点,运用比喻将它们形象地写成降落伞,带刺的铠甲,准确而生动。教学时,要让学生读懂它们传播种子的方法,并在读中感受作者形象的比喻,为后面的仿说、仿写打牢基础。

向课文学写句

【教学实录】

初读环节，创设各种情境让学生将课文读得朗朗上口。

第一步：读懂句子表达特点

1. 感受形象的比喻

出示句子：

蒲公英妈妈准备了降落伞，

把它送给自己的娃娃。

只要有风轻轻吹过，

孩子们就乘着风纷纷出发。

师：同学们，通过这一小节，你读懂了什么？

生$_1$：我知道了蒲公英是通过降落伞传播种子的。

师：是真的降落伞吗？

生$_2$：不是。

师：它长什么样？

生$_3$：它是白色的，上面毛茸茸的，像降落伞。

师：看来你知道的还挺多。你们看。

（出示降落伞和蒲公英的图片，学生对比）

师：从图中，谁知道为什么作者要说蒲公英妈妈给自己的娃娃准备了降落伞？

生$_4$：因为蒲公英的娃娃头上有一些白色绒毛，就像降落伞。

师：你是说它样子像。

生$_5$：它在风中飞的时候，慢慢地、缓缓地下降，也像降落伞。

师：它飞的时候样子也像。

（板书：样子像）

出示句子：

苍耳妈妈有个好办法，

她给孩子穿上带刺的铠甲。

只要挂住动物的皮毛，

孩子们就能去田野、山洼。

师：文中的苍耳妈妈给自己的孩子准备了什么？

生$_1$：带刺的铠甲。

师：是真的铠甲吗？

生$_2$：不是，是因为它表面硬硬的，像铠甲。

生$_3$：因为它外面带着刺，样子像铠甲。

师：也是因为样子像。看来作者在写的时候是经过观察、思考，才写出来的。这是值得我们学习的。

教学说明：仿写时，能否用上恰当的比喻很关键。此环节就以"降落伞""带刺的铠甲"为例，让学生知道要写出形象、准确比喻的前提是仔细观察，认真思考。

2. 聚焦"只要……就……"

出示句子：

只要有风轻轻吹过，

孩子们就乘着风纷纷出发。

师：这句话中有组关联词写出了蒲公英娃娃纷纷出发是因为有风轻轻吹过，你们发现了吗？

生：只要……就……

生：只要……就……。只要有风，就能出发。

教师将"只要""就"突显，标注如下：

只要有风轻轻吹过，

孩子们就乘着风纷纷出发。

师：风是最常见的自然现象，而蒲公英娃娃只要有风轻轻吹过——

生：孩子们就乘着风纷纷出发。

师：这风轻轻吹过，孩子们就——

生：孩子们就乘着风纷纷出发。

师：这风很小很小（教师语气轻柔缓慢），它轻轻吹过——（播放蒲公英吹散的视频）

生：孩子们就乘着风纷纷出发。

教学说明：面对二年级学生，对"只要……就……"所表达的效果不做理论上的深入分析，而是让学生在感性的引读中感悟。

出示句子：

只要挂住动物的皮毛，

孩子们就能去田野、山洼。

师：那苍耳娃娃呢？

生：它们只要挂住动物的皮毛，就能去田野、山洼。

师突显"只要""就"，标注如下：

只要挂住动物的皮毛，

孩子们就能去田野、山洼。

师：当小兔跑过，苍耳娃娃挂住啦，它就——能去田野、山洼。当小猴子窜过，苍耳娃娃挂住啦，它就——能去田野、山洼。（齐读）只要挂住动物的皮毛，孩子们就能去田野、山洼。

教学说明：这儿是通过不断列举事例，让学生在回答中感知"只要……就……"的表达效果。

出示句子：

啪的一声，豆荚炸开，

孩子们就蹦着跳着离开妈妈。

师：这句话，谁能也用上"只要……就……"来表达？

生₁：只要啪的一声，豆荚炸开，孩子们就蹦着跳着离开妈妈。

生₂：只要豆荚炸开，孩子们就蹦着跳着离开妈妈。

师：谁能用"只要……就……"说说其他内容？

……

教学说明：此环节是在上面学习的基础上，让学生运用"只要……就……"说话，进一步掌握这一关联词。

第二步：搭设台阶，仿着说

1. 了解更多植物传播种子的方法

出示一组有关植物传播种子的图画：

图 8　阮海燕　画

师：你们知道它又是怎样让自己的娃娃四海为家的？

生₁：柳树的种子藏在柳絮里，它外面有白色绒毛可以随风飘动。

生₂：莲藕是靠水的流动将种子传播到其他的地方。

生₃：豆荚的种子被太阳暴晒，裂开后会蹦跳着离开。

生₄：樱桃是靠动物吃下它，然后通过动物的粪便传播种子的。

……

教学说明：这一环节，教师适时补充图片资料，让学生对植物传播种子有更深的了解。只有当学生了解这些植物传播种子的方法，接下来才可能进行仿写。

2. 看图，仿着说

师：现在请你们仿照课文第二至第四小节，来介绍一下这些植物妈妈是怎么做的。同桌之间先说一说。

（同桌互说—指名说）

生₁：柳树妈妈有一个好办法，她给孩子制作一颗颗棉花糖。只要有风轻轻吹过，孩子们就乘着风纷纷出发。

师：柳絮上有白色的绒毛，你把它说成是一颗颗棉花糖，很形象。

生₂：柳树妈妈有办法，她准备了热气球，送给自己的娃娃。只要风轻轻吹过，娃娃们就乘着风纷纷出发。

师：他根据柳絮的样子，把它说成热气球，也可以。

……

教学说明：此环节就是在不断仿说中，让学生学习表达。教师主要从是否恰当，语句是否通顺上给予指导。

第三步：仿写句子

师：请选择一到两种植物来仿写，注意字迹工整，用好标点。

（生写，教师个别指导）

第四步：展示与交流

（略）

教学说明：此处展示与交流主要聚焦：1. 植物传播种子的方法是否写对；2. 比喻是否恰当。

【作业选登】

（一）

柳树妈妈有一个好办法，

她给孩子制作一颗颗棉花糖，

只要有风轻轻吹过，

孩子们就乘着风纷纷出发。

（二）

柳树妈妈真有办法，

她给孩子们准备了降落伞，

只要风儿轻轻吹过，

孩子们就乘着风纷纷出发。

（三）

凤仙花妈妈有一个好办法，

她让孩子们晒在太阳底下。
只要轻轻一碰，啪的一声，
孩子们就蹦着跳着离开妈妈。
（四）
松果妈妈有办法，
她让松果晒在太阳底下。
啪的一声，松果壳炸开，
小松子们就蹦着跳着离开妈妈。
（五）
喷瓜妈妈有个好办法，
她给予孩子们炸弹般的能力。
只要人们轻轻一碰，
孩子们就像火山爆发，四处散开。
（六）
红豆妈妈更有办法，
她让豆荚晒在太阳底下。
啪的一声，豆荚炸开，
孩子们就蹦着跳着离开妈妈。
（七）
樱桃妈妈有个好办法，
她给孩子穿上红粉色的衣服。
只要动物吃下它，
孩子们就可以去田野、山洼。

五、语文园地一

【课文范句】

我的脾气可怪了，有时候我很温和，有时候我却很暴躁。

【读写提示】

这是一个并列复句，围绕"我的脾气可怪了"，写了"我"的两种不同表现。二年级学生用"有时候……，有时候……"造句，往往简单地写成"我有时候开心，有时候不开心""妹妹有时候很乖，有时候很调皮""我有时候看电视，有时候看书"若要让他们写出像范句这样，既能写句子的前缀——我的脾气可怪了，还能围绕它写出不同表现，是有难度的。因此，在教学时，我们要让学生明白，后半句列举"我"的两种不同表现，是为了体现前半句"我的脾气可怪了"。在仿说环节，可以通过给前半句的方式，搭设台阶，让他们学着写这样的句子。

【教学实录】

第一步：读懂句子的结构

1. 口头造句，知学情

出示句子：

我的脾气可怪了，有时候我很温和，有时候我却很暴躁。

师：同学们，这句话中有个关联词，你们发现了吗？

生：是"有时候……，有时候……"。

教师标注如下：

我的脾气可怪了，<u>有时候</u>我很温和，<u>有时候</u>我却很暴躁。

师：谁能用它说句话？

生$_1$：妹妹有时候很乖，有时候很调皮。

生₂：妈妈有时候很开心，有时候很不开心。

生₃：我有时候看书，有时候看电视。

……

教学说明：在不做任何指导的情况下，直接让学生仿说，意在通过下面环节将学生仿说与范句对比，让他们知道自己的仿说与课文范句的差距，进而学习范句。

2. 读懂句子结构

师选择几句板书在黑板上：

妹妹有时候很乖，有时候很调皮。

妈妈有时候很开心，有时候很不开心。

我有时候看书，有时候看电视。

师：同学们，你们发现我们说的句子和书上的这句话有什么不同吗？

生₁：书上的那句话前面有加上"我的脾气可怪了"。

生₂：我们说的句子没有前半句话。

教学说明：通过将学生说的话与范句对比，以突显范句的特点。

师：那你们发现前半句与后半句有什么关系吗？

生₃：后面的"有时候我很温和，有时候我却很暴躁"，可以看出"我的脾气可怪了"。

师：也就是说，我的脾气可怪了，就表现在——

生₄："我的脾气可怪了"就表现在后面的"有时候我很温和，有时候我却很暴躁"。

师：是的，前面先说"我的脾气可怪了"，后面具体写"我"的脾气怎么怪。

出示：

我的脾气可怪了，有时候我很温和，有时候我却很暴躁。

　（概括）　　　　　　　　（具体）

教学说明：此环节是仿说前的重要指导，只有学生明白了句子前半句与后半句的关系，后续的仿说才能到位。

第二步：搭设台阶，仿着说

1. 扶着仿说

出示句子：

天上的白云变幻多端，_____。

郑老师可怪了，_____。

小鸟很可爱，_____。

师：现在老师给出了句子的上半句，你们能根据上半句写出后半句吗？注意用上"有时候……，有时候……"，同桌之间先说一说。

（同桌互说—指名说）

生₁：天上的白云变幻多端，有时候像奔腾的马，有时候像可爱的兔子。

师：嗯，这确实是变幻多端。

生₂：天上的白云变幻多端，有时候像一只只小动物，有时候像一座座城堡。

生₃：郑老师可怪了，有时候很温柔，有时候特别严厉。

生₄：郑老师可怪了，有时候笑嘻嘻的，有时候板着一张脸。

师：有时候温柔，有时候特别严厉，有时候笑嘻嘻的，有时候板着一张脸，这都能写出郑老师的奇怪。谁接着说？

生₅：小鸟很可爱，有时候飞到我的肩上休息，有时候不停地啄地上的米。

生₆：小鸟很可爱，有时候叽叽叫个不停，有时候一声也不出。

……

教学说明：搭设台阶，通过提供上半句，让学生接下半句，在仿说中熟悉句式特点，为下面的放手仿说打好基础。

2. 放手仿说

师：现在，老师不给任何提示，你们谁还能像这样用"有时候……有时候……"造句？同桌之间先说一说。

（同桌互说—指名说）

生₁：课间休息我真快乐，有时候在操场上奔跑，有时候在图书角看书。

生₂：弟弟真奇怪，有时候很勇敢，有时候却胆小如鼠。

……

第三步：仿写句子

师：请同学们学着例句写一两句话，注意后半句围绕上半句来写。

（生写，教师个别指导）

第四步：展示与交流

（略）

教学说明：此处展示与交流主要关注学生后半句是否能很好地表现上半句。另外，通过展示学生写的优秀例句，丰富学生积累的句型。

【作业选登】

1. 天上的月亮，有时候圆圆的，像一个白白的玉盘；有时候弯弯的，像一只小船。

2. 一望无际的大海，有时像千军万马一样雄伟壮观，有时像凶猛的巨人一样可怕。

3. 哥哥放假可忙了，有时候学奥数，有时候练钢琴，比上学时累多了。

4. 月亮在一个月当中不停地变化，有时像条小船，有时像圆圆的镜子。

5. 从老师的眼里，我看到了不同的目光，有时候是对我们的表扬，有时候是对我们的批评。

6. 小鸟很可爱，有时候飞到我的肩上休息，有时候不停地啄地上的米。

7. 天上的白云，有时候像奔腾的马，有时候像可爱的兔子。

8. 郑老师很奇怪，有时候温柔，有时候特别严厉。

9. 今天的天气可怪了，有时候下着倾盆大雨，有时候太阳高照。

六、曹冲称象

【课文范句】

把大象赶到一艘大船上，看船身下沉多少，就沿着水面，在船舷上画一条线。再把大象赶上岸，往船上装石头，装到船下沉到画线的地方为止。然后称一称船上的石头，石头有多重，大象就有多重。

【读写提示】

这是一个承接句群，介绍曹冲称象的方法。曹冲称象的整个过程细分为许多小步骤，作者用"赶到""看""画线""赶上岸""装石头""称重"等词语准确、生动地写出了称象一连串的动作。这值得学生学习。更值得学习的是作者通过统整，将一系列的动作划分为三个大步骤：第一句写赶象到船上，并画线；第二句写赶象上岸，装石头；最后写称出石头的重量就是大象的重量。化小动作为大环节，处于同一环节的小动作之间用逗号隔开，只在大环节的衔接处用上连接词。整个过程用上了一个"再"，一个"然后"两个连接词，就把称象的过程交代得清清楚楚。如果换作学生介绍，这中间可能要用上许多诸如"然后""接着"之类的连接词。

因此，我们聚焦两个重点：1. 连续动词的使用；2. 如何将活动过程划分大步骤，少用连接词。

【教学实录】

第一步：读懂范句表达特点

1. 表达中突显问题

将本单元"口语交际"版块的教学提前，课前布置学生完成一个小手工制作，并思考如何介绍手工制作过程。

师：同学们，你们在家都做了哪些手工作品，请在小组内向大家展示，并向小组成员介绍制作过程。

（小组内展示并相互介绍制作过程）

师：各小组派个代表来介绍一下手工制作的过程。

（各小组代表上台介绍）

……

生₁：我做的是纸葡萄。先拿来一块紫色的水晶泥，再把它分成七八份，然后搓成七八个小圆球，然后再摆在一起，组成一串紫色的葡萄。然后拿出绿色的水晶泥捏成树叶的形状，再捏一些树枝的形状，也摆在盘子里，这样纸盘葡萄就完成了。

师：你们觉得她说得怎样？

生$_2$：她介绍时声音很大。

生$_3$：她介绍得很清楚。

生$_4$：她有按顺序说。

教学说明：这个环节的评价，学生往往从该单元"口语交际"的要求出发——声音大，介绍清楚。

师：是的，这位同学将制作的过程介绍得很细致。但是老师发现她在介绍的过程中，反复用到了两个词？你们听出来了吗？

生$_5$：她老是说"再""然后"。

师：是的。同学们，这是我们在介绍时经常犯的一个毛病——反复用"然后""再"等连接词。有同学就要问了，这么多的步骤，不说"再"和"然后"，又该怎么说呢？其实《曹冲称象》这篇课文的第五自然段告诉了我们方法。

教学说明：在师生交流环节，突显学生表达中的常见问题——反复使用连接词。让他们关注到表达的问题，也就产生解决问题的需求，后续的学习就更容易被接受。

2. 学习范句少用连接词

出示句子：

把大象赶到一艘大船上，看船身下沉多少，就沿着水面，在船舷上画一条线。再把大象赶上岸，往船上装石头，装到船下沉到画线的地方为止。然后称一称船上的石头，石头有多重，大象就有多重。

师：认真读一读，曹冲介绍称象的过程用了几句话？在这过程中，他用到了几个"再"和"然后"？

生：三句话。分别用了一个"再"，一个"然后"。

师：咦，那是因为称象的过程特别简单吗？请同学们再次认真地读读这三句话，并把表示动作的词都圈出来，思考为什么作者只用两个连接词呢？

（生边读，边圈画动词）

指名说，教师标注如下：

把大象赶到一艘大船上，看船身下沉多少，就沿着水面，在船舷上画一条线。再把大象赶上岸，往船上装石头，装到船下沉到画线的地方为止。然后称一称船上的石头。石头有多重，大象就有多重。

师：你们看，这称象过程也用到了这一系列动作，他又是怎么做到只用到一个"再"，一个"然后"呢？大家看下面两个片段，想想它们的不同。

出示对比片段：

片段一：把大象赶到一艘大船上，看船身下沉多少，就沿着水面，在船舷上画一条线。再把大象赶上岸，往船上装石头，装到船下沉到画线的地方为止。然后称一称船上的石头。石头有多重，大象就有多重。

片段二：把大象赶到一艘大船上，再看船身下沉多少，然后就沿着水面，在船舷上画一条线。再把大象赶上岸，然后往船上装石头，然后装到船下沉到画线的地方为止。然后称一称船上的石头。然后石头有多重，大象就有多重。

教学说明：单纯地阅读不容易发现问题之所在，以贴近学生现有水平的片段二与范例做对比，在对比阅读中更能突显范例少用连接词的特点。

生1：他没有在每个动作前都加"再"。

师：而我们通常呢？

生2：我们会像第二个片段一样在介绍每个动作前都习惯加上"再"或"然后"。

师：你真善于观察！我们习惯在每个动作前加上连接词，比如："再把大象赶上岸，然后往船上装石头，然后装到船下沉到画线的地方为止。"大家反思一下，在小组内的介绍，你是否也出现这样的问题。

（学生思考）

教学说明：打回"小组交流时，你是否出现这样的问题"，让学生关注到自己的表达。

师：如果让我们来介绍，可能就像第二个片段这样，要用到很多个"然后""再"。第一个片段是如何做到的呢？

（生观察并思考——在学生发现不了时，教师可以点拨）

师：你们看，我们介绍时往往是一个动作当作一个步骤，这样就需要很多的连接词。但片段一，你发现了什么？

（生观察思考）

生₃：它把好几个动作当成一个步骤。

生₄：它把整个过程就当成两三个步骤。

师（提示）：是的。他是把相关联的几个动作归为一个步骤。比如说他把"赶象""看""画线"当作了第一个步骤。那第二个步骤就是——"赶"上岸，"装"石头。第三步是称石头。

师（小结）：原来呀，他将相关联的几个动作归为一个步骤，所以整个过程就三四个步骤，只有在步骤之间的连接才用上"再""然后"，这样，连接词当然就少了。我们再来读一读，感受一下。

（师生配合读，教师强调那两个连接词）

教学说明：学生靠自己弄不明白时，教师用浅显的语言向学生剖析范例的表达奥秘。这样的点拨，学生可能当时一知半解，但随着后面的仿说、仿写及展示的强化，水平会得到提高。

第二步：搭设台阶，仿着说

1. 一同修改，扶着仿说

出示学生写的片段：

我先拿来一块紫色的水晶泥，再把它分成七八份，然后搓成七八个小圆球，然后再摆在一起，组成一串紫色的葡萄。接着拿出绿色的水晶泥捏成树叶的形状，再捏一些树枝的形状，也摆在盘子里，这样纸盘葡萄就完成了。

师：同学们，你们看这是介绍做紫葡萄的过程，同桌讨论一下可以怎么划分步骤，从而少用连接词？

教学说明：讨论的问题指向很明晰，直指问题重点。

（同桌讨论—指名说）

生₁：可以分两个步骤，做葡萄为第一步，捏树叶树枝为第二步。

师：如果这样分，你会把哪些连接词删去？

生₂：我会这样说……（该学生删去了两个"再"，两个"然后"）

师：谁也来说说？

向课文学写句

生₃：我会把第一步的那个"然后"也删去：我拿来一块紫色的水晶泥，把它分成七八份，搓成七八个小圆球，摆在一起，组成一串紫色的葡萄。然后拿出绿色的水晶泥捏成树叶的形状，捏一些树枝的形状，也摆在盘子里。这样纸盘葡萄就完成了。

师：你们听，他们把整个过程分两个步骤，中间就用上一个连接词——"然后"。

教学说明：集中修改一个片段，在相互交流中巩固上一阶段学习到的知识。

2. 放手仿说

师：同学们，请再次介绍小手工的制作过程，学着《曹冲称象》这个片段将制作过程划分两三个大步骤，大步骤之间才用连接词。

（生小组内练说—指名说）

……

教学说明：这个环节关注点是把活动过程划分为几个大步骤，大步骤之间才用连接词。

第三步：仿写句子

师：请同学们将制作过程写下来，注意划分大步骤，而小步骤之间用上逗号。

（生动手写，教师个别指导）

教学说明：此处仿写，让学生学着范例，在同一个步骤中的小步骤之间用上逗号。这是长句表达中常用的方式。

第四步：展示交流

（略）

教学说明：此处展示交流主要关注：1. 是否有划分大步骤，用上了几个连接词；2. 小步骤之间用逗号。

【作业选登】

1. 我拿出船的模型，把塞子塞住。然后摆上买来的马达和电池仓，把电池仓的电线缠到马达上，把马达放到船尾，用螺丝钉固定。再安上风扇叶，装上电池，一个精美的小船就做好了。

2. 我拿来一张纸，剪掉四角，用胶水把四个角按一定顺序粘在一起，就有了风车的模样。然后，用一张纸搓成一条小棒，粘在风车上，美丽的风车就做好了。

3. 我拿出一张洁白的纸，画上一只小狐狸的样子。然后添上眼睛，描上嘴巴，画上鼻子，并在小狐狸的尾巴上画上一个美丽的蝴蝶结。再把整个模型剪下来，一只可爱的小狐狸就诞生了。

4. 今天，我教大家做一串黏土葡萄。先拿出紫色的黏土，分成七八份，捏一捏，搓成圆形，一粒粒紫色的葡萄完成了。接着，拿出绿色的黏土，捏一捏，搓一搓，做成叶子的形状和两条细细的藤。最后，把葡萄、叶子、藤有序地排在一起，一串黏土葡萄就做好了。

5. 我今天要做的是羊毛毽子。拿来一团没用的毛线，把它一圈圈绕在手机上，圈够了把它取下来。再将中间扎紧，把它对半剪开，在打结的地方缝上扣子。这样，一个羊毛毽子就出来了。

6. 今天我来教大家做一把手工雨伞。先拿出十四张五颜六色的彩纸，把纸剪成圆形，折出鸭子的脚掌形状。再把纸粘在一起，挑一张长方形纸卷成棍子，把底部弯成月牙的样子。然后把纸和棍子粘在一起，一把小巧玲珑的雨伞就完成了。

七、一封信

【课文范句】

以前每天早上你一边刮胡子，一边逗我玩。

【读写提示】

这是一个并列复句，表示一个动作与另一个动作同时进行。教学时，需要让学生明白这一点。仿写时，启发学生联系生活经验，判断哪些动作是可以同时进行的。

【教学实录】

第一步：读懂句子结构

出示句子：

以前每天早上你一边刮胡子，一边逗我玩。

师：请个同学给大家读这句话，其他同学思考：这句话告诉我们爸爸同时做了哪两件事？

（指名读）

生$_1$：刮胡子。

生$_2$：逗我玩。

师：是的，这两个动作同时进行，我们就可以用"一边……一边……"把它连成一句话。我们一起来读读这句话。

（生齐读）

教学说明：这一环节重在让学生知道，句子中的两个动作是同时进行的，为后面的仿说打好基础。

第二步：搭设台阶，仿着说

1. 看图，仿着说

（出示三幅人物做事的图画）

师：请同学们看图，用"一边……一边……"说话。同桌之间先说一说。

（同桌互说—指名说）

生$_1$：妈妈一边听音乐，一边织毛衣。

生$_2$：我一边跳舞，一边唱歌。

生$_3$：爸爸一边喝茶，一边和叔叔聊天。

……

教学说明：在仿说伊始，出示图画，让学生的仿说有话可说。

2. 反例突显问题

师：你们读读下面这几句话，看看是否有问题？

出示句子：

我一边走路，一边做饭。

马克一边打太极，一边写单词。

生$_1$：第一句有问题，走路的时候是做不了饭的。

师：你觉得可以怎么改？

生$_2$：我一边走路，一边吃零食。

生$_3$：打太极的时候也写不了单词。所以可以改成：马克一边打太极，一边听音乐。

师（小结）：我们要记住，用"一边……一边……"造句时，句子中的两个动作是同时进行的。

教学说明：以反例呈现学生写句时可能出现的错误，突显问题，让学生印象深刻。

第三步：仿着写句

师：请用"一边……一边……"写两三句话，注意字迹工整，用好标点。

（生写，师个别指导）

第四步：展示与交流

（略）

教学说明：此处展示与交流聚焦：1. 句子中的两个动作放在一起是否合理；2. 标点的正确使用。

【作业选登】

1. 妹妹一边唱歌，一边手舞足蹈。
2. 我一边听课，一边做笔记。
3. 妈妈一边喝茶，一边聊天。
4. 妈妈一边洗碗，一边听音乐。
5. 放假了，我们一家人一边看电影，一边喝西米露。
6. 每当写完作业，我就可以一边看电视，一边吃零食。
7. 妹妹一边搭积木，一边听音乐。
8. 弟弟一边吃零食，一边搭积木。
9. 大人们聚在一起，一边喝茶，一边聊天。

10. 老鹰一边飞翔，一边寻找猎物。
11. 哥哥一边嗑瓜子，一边玩手机。
12. 妈妈一边晒衣服，一边小声嘀咕。
13. 爸爸一边玩手机，一边喝茶。
14. 可爱的小仓鼠一边爬杆，一边吃食物。
15. 奶奶一边擦桌子，一边哼着歌。
16. 我一边思考，一边下棋。

八、妈妈睡了

【课文范句】

睡梦中的妈妈真美丽。明亮的眼睛闭上了，紧紧地闭着；弯弯的眉毛，也在睡觉，睡在妈妈红润的脸上。

睡梦中的妈妈好温柔。妈妈微微地笑着。是的，她在微微地笑着，嘴巴、眼角都笑弯了，好像在睡梦中，妈妈又想好了一个故事，等会儿讲给我听……

睡梦中的妈妈好累。妈妈的呼吸那么沉。她乌黑的头发粘在微微渗出汗珠的额头上。

【读写提示】

这是先概括后具体的总分句群。第一个句群：第一句话概括地说"睡梦中的妈妈真美丽"。后面的分句从明亮的眼睛，弯弯的眉毛，红润的脸来具体描写睡梦中的妈妈是如何的美。第二个句群：第一句总的说"睡梦中的妈妈好温柔"，后面的句子具体抓住妈妈的笑来描写妈妈的温柔。第三个句群：第一句总写"睡梦中的妈妈好累"，后面的句子抓住妈妈呼吸沉以及头上的汗珠来写妈妈的累。掌握这样的句群，对学生今后的写话有很大的好处，有利于他们三年级顺利过渡到段的学习。

【教学实录】

第一步：读懂句群结构

出示句子：

睡梦中的妈妈真美丽。明亮的眼睛闭上了，紧紧地闭着；弯弯的眉毛，也在睡觉，睡在妈妈红润的脸上。

师：同学们，你们从这段话中知道了什么？

生₁：睡梦中的妈妈真美丽。

师：哇，你抓住了这段话最主要的内容。

师标注如下：

<u>睡梦中的妈妈真美丽。</u>明亮的眼睛闭上了，紧紧地闭着；弯弯的眉毛，
　（总的说）
也在睡觉，睡在妈妈红润的脸上。

师：这段话就是写睡梦中的妈妈很美丽。作者是怎样写妈妈的美丽呢？

生₂：写了明亮的眼睛。

生₃：写了弯弯的眉毛。

生₄：写了妈妈红润的脸。

师：是的。作者为了表现睡梦中妈妈的美丽，他抓住了眼睛、眉毛和脸来写。

教师边说边标注，如下：

　　　（总的说）　　　　　　　　　（具体的说）

<u>睡梦中的妈妈真美丽。</u>明亮的眼睛闭上了，紧紧地闭着；弯弯的眉毛，也在睡觉，睡在妈妈红润的脸上。

师：现在老师读第一句总说的部分，你们读具体写妈妈美丽的部分。

（师生变换着方式读）

教学说明：先概括后具体的总分关系，对二年级学生来说理解起来困难不大。但对于"概括""具体"这些概念，我们不做深入讲解，而是用相对比较容易理解的说法——"总的说""具体的说"。

出示句子：

<u>睡梦中的妈妈好温柔。</u>妈妈微微地笑着。是的，她在微微地笑着，嘴巴、眼角都笑弯了，好像在睡梦中，妈妈又想好了一个故事，等会儿讲给我听……

师：这段话与上一段，你们发现哪些相同点了？大家边读边思考。

生1：我发现这段话也是第一句先总的说"睡梦中的妈妈好温柔"。

生2：我发现后面的句子也是具体地写睡梦中妈妈的温柔。

教师根据学生的反馈，及时标注：

（总的说）　　　　　　　　（具体的说）

<u>睡梦中的妈妈好温柔。</u>妈妈微微地笑着。是的，她在微微地笑着，嘴巴、眼角都笑弯了，好像在睡梦中，妈妈又想好了一个故事，等会儿讲给我听……

师：他是怎样写睡梦中妈妈的温柔呢？

生3：写妈妈在微微地笑着，嘴巴、眼角都笑弯了。

师：就是抓住睡梦中妈妈的笑来写她的温柔。谁能将写妈妈笑的部分读好？

（学生练读—指名读—师生配合读）

出示句子：

睡梦中的妈妈好累。妈妈的呼吸那么沉。她乌黑的头发粘在微微渗出汗珠的额头上。

（本段教学同上，略）

教学说明：这三段话结构相似，通过后两段相同点的类比，能加深学生对"先概括，后具体"句群的认识。

第二步：搭设台阶，仿着说

1. 给情境，扶着说

出示句子：

妹妹真可爱。

这个老师好温柔。

师：你们能学着这段话，围绕上面的句子，具体地描述吗？同桌之间先说一说。

（同桌互说—指名说）

生₁：妹妹真可爱。胖嘟嘟的脸上有一双铜铃般的眼睛。

师：嗯，你抓住胖嘟嘟的脸和铜铃般的眼睛来表现妹妹长得可爱。谁能把妹妹的可爱说得更具体点？

生₂：妹妹真可爱。又弯又细的眉毛下长着一双明亮的眼睛，脸粉红粉红的，就像一个熟透的桃子。

师：他同样是抓住妹妹的外貌来介绍，不过他更具体，介绍了眉毛、眼睛和脸蛋。妹妹的可爱还可以表现在哪些地方呢？

生₃：妹妹真可爱。成天笑嘻嘻地跟在我身后，"哥哥，哥哥……"叫个不停。

师：他是通过妹妹的表现来写妹妹的可爱。谁来说说"这个老师好温柔"？

……

教学说明：这个环节，给特定内容，让学生根据上面所学知识迁移运用，并通过同学间的交流展示，进一步巩固"先概括，后具体"的句群结构。

2. 放手仿说

师：你们还会用"先总的说，后具体的说"这样的方式介绍哪些内容呢？同桌之间先说一说。

（同桌互说—指名说）

……

第三步：仿写句子

师：请根据上面的仿说，选择其中一两个片段写下来。注意字迹工整，用好标点。

（生写，师个别指导）

第四步：展示与交流

（略）

教学说明：此处展示交流重点关注：1. 是否"先概括，后具体"；2. 后面具体描写部分是否恰当。

【作业选登】

1. 这个老师好温柔。同学们犯错，她也会语重心长地跟同学们讲道理。

2. 这个老师好温柔。她的声音轻柔甜美，我们不理解的地方，她会不厌其烦地给我们讲解好几遍。

3. 妹妹真可爱。又弯又细的眉毛下长着一双明亮的眼睛，脸粉红粉红的，就像一个熟透的桃子。

4. 这朵桃花真美。粉红的花瓣，点点的花蕊。它在风中摇曳着身姿，像少女一样楚楚动人。

5. 这个笔袋真漂亮。它有一层闪闪发光的膜，上面绣着一只可爱的皮卡丘和五彩的气球。

6. 这荷花池真美啊！那片片荷叶像撑开的一张张绿伞，绿叶丛中，那粉红的荷花像娇羞的少女，在微风中轻轻地摇曳，好像在翩翩起舞。

7. 丰收的秋天好忙碌。农民伯伯在田里收割稻谷，在果园采摘水果，汗水顺着脸颊落到地上。

九、黄山奇石

【课文范句】

在一座陡峭的山峰上，有一只"猴子"。它两只胳脾抱着腿，一动不动地蹲在山头，望着翻滚的云海。这就是有趣的"猴子观海"。

"仙人指路"就更有趣了！远远望去，真像一位仙人站在高高的山峰上，伸着手臂指向前方。

每当太阳升起，有座山峰上的几块巨石，就变成了一只金光闪闪的雄鸡。它伸着脖子，对着天都峰不住地啼叫。不用说，这就是著名的"金鸡叫天都"了。

【读写提示】

这三处是总分句群,"先概括,后具体"或"先具体,后概括"。第一处先具体描述奇石的形态,再概括地说——这就是有趣的"猴子观海";第二处先概括地说——"仙人指路"就更有趣了,再具体描述它的样子;第三处与第一处相同,先具体描述这几块巨石的样子,再概括地说——这就是著名的"金鸡叫天都"。

这几个片段,结构特点突出,描述具体。教学时,引导学生在读出句群结构的基础上,关注以下两点:一是句子中形象的比喻;二是句子是如何将巨石描写具体的。这为学生后面的仿写打好基础。

【教学实录】

第一步:学习范句表达特点

1. 识比喻

出示:

就说"仙桃石"吧,它好像从天上飞下来的一个大桃子,落在山顶的石盘上。

师:同学们,这句话里藏着一个比喻句,你们读出来了吗?

生₁:"它好像从天上飞下来的一个大桃子",这里把它比作大桃子。

师:是的,这儿把黄山的石头比作大桃子。我想这个"仙桃石"一定长得特别像桃子,作者就说——它好像从天上飞下来的一个大桃子。(板书:好像)

师:文中还有像这样的比喻句吗?

生₂:"'仙人指路'就更有趣了!远远望去,真像一位仙人站在高高的山峰上,伸着手臂指向前方",这句话把石头比作仙人。

师:这儿也用到了一个词——真像(板书:真像)。

生₃:"在一座陡峭的山峰上,有一只'猴子'",这句话把石头比作猴子。

师:我们从哪儿看出不是真的猴子?

生₄：他有加上引号。

师：是的，句子不用"好像"，而是直接说有一只猴子，只是猴子加上了引号。像这样的句子，文章哪里还有？

生₅："每当太阳升起，有座山峰上的几块巨石，就变成了一只金光闪闪的雄鸡"，这一句是说几块巨石，像一只金光闪闪的雄鸡。

师：这儿既没有用"好像"，也没加引号，你怎么知道是比喻？

生₆：因为那几块巨石在太阳光的照射下，像金光闪闪的雄鸡，就是把石头比作雄鸡。

生₇：因为石头不可能变成雄鸡，只是因为它像，所以比喻成雄鸡。

师：同学们说得真好。我们一起来读读这四句话吧！

出示：

就说"仙桃石"吧，它好像从天上飞下来的一个大桃子，落在山顶的石盘上。

远远望去，真像一位仙人站在高高的山峰上，伸着手臂指向前方。

在一座陡峭的山峰上，有一只"猴子"。

每当太阳升起，有座山峰上的几块巨石，就变成了一只金光闪闪的雄鸡。

师（小结）：看来，作者介绍黄山奇石都喜欢把它们比作我们熟悉的事物，或是桃子，或是仙人，或是猴子，或是雄鸡，让读者一下子就能想象到那些石头的样子。

2. 学习"写具体"

出示：

在一座陡峭的山峰上，有一只"猴子"。<u>它两只胳膊抱着腿，一动不动地蹲在山头，望着翻滚的云海。</u>这就是有趣的"猴子观海"。

师：同学们，课文还对奇石进行了细致的描写。大家认真读读画横线的这一句话，想想作者都写了"猴子"的哪些动作？请圈画出来。

（生读句子，并圈画）

师：你们画了哪些词语？

生₁：抱着腿，蹲在，望着。

（生说，师标出"抱着""蹲在""望着"一系列动词）

师：你们看，作者用一系列动作对奇石进行了描述。现在老师读句子，你们看图并做动作。

（教师读，生看图做动作）

（师生一同看图，读句子，做动作）

教学说明：在写"先概括，后具体"或"先具体，后概括"句群的时候，写具体的部分是难点。这个环节教师让学生圈动词、看插图、读句子、想画面，做动作等都是在引导学生去感受作者细致的描述，为后面的仿写打基础。

出示：

"仙人指路"就更有趣了！远远望去，真像一位仙人站在高高的山峰上，伸着手臂指向前方。

每当太阳升起，有座山峰上的几块巨石，就变成了一只金光闪闪的雄鸡。它伸着脖子，对着天都峰不住地啼叫。不用说，这就是著名的"金鸡叫天都"了。

师：读读这两部分，看看哪些句子也对巨石进行细致描述？

生$_2$："远远望去，真像一位仙人站在高高的山峰上，伸着手臂指向前方"，这里写了"站在"，"伸着"手臂，"指向"前方。

师：动词有？

生$_3$：站在，伸着，指向。（教师标出动词）

师：还有哪一处？

生$_4$："它伸着脖子，对着天都峰不住地啼叫"，这句话中有"伸着"脖子，对着天都峰不住地"啼叫"。

师：动词是？

生$_5$：伸着，啼叫。

师：作者展开想象把声音都写进来了。现在请选择你喜欢的一个片段，边读边展开想象，并模仿句子的描述做动作。

（生自由做动作）

（师生齐读，边读边做动作）

教学说明：摒弃繁琐的分析，紧扣句子中的动词，让学生在读中想象，在想象中模仿动作，进而感受作者如何写具体。

向课文学写句

3. 学习总述句

出示：

在一座陡峭的山峰上，有一只猴子。它两只胳膊抱着腿，一动不动地蹲在山头，望着翻滚的云海。<u>这就是有趣的"猴子观海"</u>。

<u>"仙人指路"就更有趣了！</u>远远望去，真像一位仙人站在高高的山峰上，伸着手臂指向前方。

每当太阳升起，有座山峰上的几块巨石，就变成了一只金光闪闪的雄鸡。它伸着脖子，对着天都峰不住地啼叫。<u>不用说，这就是著名的"金鸡叫天都"了</u>。

师：同学们，读上面三个片段，你们发现了什么？

生₁：都有给这个巨石起个名字。

生₂：第一和第三两个片段，名字取在后面；第二个片段，名字取在前面。

师：是的，在对奇石进行比喻与细致描述的基础上，还给它们取了有趣的名字，你看：片段一和片段三先具体介绍巨石什么样，再给巨石起个名字；片段二，则是先取名字，再具体介绍。我们一起读一读。

（师生配合读：师读总述部分，学生读具体描写部分，然后交换角色再读）

教学说明：在师生探究后，通过多次的师生配合读，加深学生对总分句群的印象。

师（小结）：同学们是否发现，这几段话写的都挺像：作者第一句把石头比作我们熟悉的事物，猴子，桃子；第二句仔细描述"猴子"样子；第三句总的说黄山奇石的名字。

第二步：观察图画，仿着说

1. 练说"仙人采药"

（出示课后插图——"仙人采药"，见图9）

师：同学们，有人说这是"仙人采药"，你们能学着课文段落来说一说吗？同桌之间先说一说吧。

（同桌互说—指名说）

图 9　周雅惠　画

生₁：在一座陡峭的山峰上，有一位"仙人"。它戴着一顶草帽，背着一箩筐草药，穿着一件长长的衣服，东瞧瞧，西望望。这就是有趣的"仙人采药"。

师：这位同学是先具体介绍奇石的样子，再概括地说——这就是有趣的"仙人采药"。他用上了"戴着""背着""穿着"这些动作，让介绍更加具体，真不错。

教学说明：教师的点评将学生的关注点集中在总分句群的结构及具体介绍的细节上。

生₂："仙人采药"就更有趣了！远远望去，那巨石真像一位仙人在采药，背着满满的一篮子药材，忙着回去给人治病。

师：他是先概括地说，再具体地介绍奇石的模样。谁也来说说？

……

教学说明：以"仙人采药"这幅图为范例，让学生在观察、练说、反馈中习得方法。

2. 放手练说

出示其他几幅图：

图10　周雅惠　画

师：现在就用上刚才"仙人采药"这幅图的方法，学着说说下面这几幅图。同桌之间先互相说说。

（同桌互说—指名说）

……

教学说明：将上述学习的仿写点进行迁移运用，让学生在反复练说中熟悉总分句群，并学习具体描述。

第三步：仿写句子

（出示黄山奇石的图画，见图10）

师：请选择你喜欢的两三幅，学着上面片段写一写，注意字迹工整，用好标点。

（生写，师个别指导）

第四步：展示与交流

（略）

教学说明：此处展示与交流重点关注：1. 是否用"先概括后具体"或"先具体后概括"的总分句群；2. 具体介绍巨石的部分是否写清楚。

【作业选登】

1. 在山顶上有几块巨石堆成了一只"小狗"，蹲坐在山顶上。仰着头望着圆圆的月亮，好像在期盼着什么。人们称它为"天狗望月"。

2. 在一丛绿油油的草丛里，有几块石头堆在一起，真像一只"小狗"。它趴在地上，伸着脖子，昂着头，望着远处又大又圆的月亮。不用说，这就是有趣的"天狗望月"。

3. 在一个高高的山顶，有一只"小狗"。它的四只脚缩在一起，一动不动地趴在地上，望着明亮的月亮。这就是有趣的"天狗望月"。

4. 在一座陡峭的山峰上，有一位"仙人"。它戴着一顶草帽，背着一箩筐草药，穿着一件长长的衣服，东瞧瞧，西望望。这就是有趣的"仙人采药"。

5. "仙人采药"就更有趣了！远远望去，那巨石真像一位仙人在采药，背着满满的一篮子药材，忙着回去给人治病呢！

6. 远远望去，那巨石真像一位背着箩筐在陡峭的山崖上采药的人。他穿着长长的衣服，背着满满一箩筐的草药，这就是有名的"仙人采药"。

7. 在一丛碧绿的树林旁，有一块巨石。那巨石好像一只迷人的大孔雀，昂着头，望着美丽的天空。这就是有趣的"孔雀望月"。

8. 在一座陡峭的山峰上，有一块巨石在太阳的照射下变成一位"仙人"。仙人戴着草帽，背着一箩筐草药，正在到处拔草药。不用说，这就是著名的"仙人采药"。

9. 在一座陡峭的山峰上，有一只"松鼠"，它正伸着脑袋东瞧瞧，西望望，好像下面有它最爱吃的松果。不用说，这就是著名的"松鼠跳天都"了。

10. 在一座陡峭的山顶上，有一只"松鼠"。它四只脚趴在石头上，好像想跳过翻滚的云海，到达壮丽的天都峰上寻找美味的食物吃。这就是有趣的"松鼠跳天都"。

11. 在一座雄伟的山峰上，有一只"松鼠"静静地趴在那儿。它高高地仰着头，一动不动地望着远处那座更高、更直立的山峰，好像在等待着什么。这就是有趣的"松鼠跳天都"。

12. 一座陡峭的山坡上，那几块石头堆在一起真像一只"天鹅"。它坐在几个漂亮的石蛋上，伸着脖子，看着远方。这就是有趣的"天鹅孵蛋"。

13. 远远望去，那奇石真像一只"猴子"。它蹲在群山环绕、树木茂盛的巨石上，两只手放在背后，好像想跳过翻滚的云海，到达远处去寻找朋友一起玩呢！这就是名不虚传的"猴子观海"。

14. 就说"金龟探海"吧。几块巨石搭成了一只"巨龟"，每当太阳升起或落下，这只"巨龟"又变成了一只金光闪闪的"金龟"，懒洋洋地趴在高大的山峰上。

15. 在一座陡峭的山峰上，有几块巨石，远远望去，就像几只凶猛的大狮子。它们跳跃着，互相争抢着，谁也不让谁。不用说，这就是著名的"狮子抢球"。

十、葡萄沟

【课文范句】

葡萄一大串一大串地挂在绿叶底下，有红的、白的、紫的、淡绿的，五光十色，美丽极了。

【读写提示】

这是一个长句，教学本句时，有两处需要给予关注：一是"有红的、白的、紫的、淡绿的"，这与学生已有的表达结构"有的红，有的白，有的紫，有的淡绿"稍有不同，若没有让学生认识到这点，学生的仿写可能会停留在原有句式上；二是句子中"五光十色，美丽极了"这是对前面描述的概括。但学生往往只关注到四字词语，忽略了呼应前面部分。

【教学实录】

第一步：聚焦句中表达特点

1. 对比中发现句子特点

出示句子：

葡萄一大串一大串地挂在绿叶底下，有红的、白的、紫的、淡绿的，五光十色，美丽极了。

师：从这句话你读懂了什么？

生$_1$：我知道了葡萄特别多，一大串一大串的。

生$_2$：我知道葡萄的颜色特别多。

生₃：我知道了它们看起来很美。

师：你们看看下面两句话有什么不同？

出示句子：

……，有红的、白的、紫的、淡绿的，五光十色，美丽极了。

……，有的红，有的白，有的紫，有的淡绿，五光十色，美丽极了。

（生读并思考）

生₄：第一句是"有红的、白的、紫的、淡绿的"；第二句是"有的红，有的白，有的紫，有的淡绿"。

生₅：第一句只有一个"有"字，而第二句是"有的，有的，有的，有的"。

教师根据学生回答，标注如下：

……，<u>有</u>红的、白的、紫的、淡绿的，五光十色，美丽极了。

……，<u>有的</u>红，<u>有的</u>白，<u>有的</u>紫，<u>有的</u>淡绿，五光十色，美丽极了。

师：那它们表达的意思相同吗？

生₆：意思一样的，都表示颜色多。

师：你们平时用到的是哪一种形式？

生₇：我经常用的是"有的，有的，还有的"。

生₈：我经常用的也是"有的，有的，有的"。

师：是的，大家经常用到的是"有的，有的，有的"。而今天这句话却只用一个"有"字就将这么多颜色串在了一起。我们一起读一读。

（生齐读）

教学说明：让学生在对比阅读中，发现范句的表达有别于自己平时的写话，丰富学生的表达范式。

2. 关注后半句

出示句子：

葡萄一大串一大串地挂在绿叶底下，有红的、白的、紫的、淡绿的，_____。

师：读着这前半句话，你觉得这画面怎样？

（生读并思考）

向课文学写句

生₁：我觉得葡萄特别多。

生₂：我觉得葡萄特别大。

生₃：我觉得这么多颜色，特别漂亮。

师：在作者眼里就是特别漂亮，所以他这样写，我们一起来读一读。

葡萄一大串一大串地挂在绿叶底下，有红的、白的、紫的、淡绿的，<u>五光十色，美丽极了</u>。

（生齐读—师生品味"五光十色"）

教学说明：这个环节主要让学生感受到后边的四字词语不是随意填写的，而是和前面的描写相呼应。

第二步：搭设台阶，仿着说

1. 突出重点，改写句子

出示句子：

①课间真热闹，同学们有的跳绳，有的跑步，有的踢毽子，有的捉迷藏。

②小动物的屋子，有的正方形，有的长方形，有的圆形，有的菱形。

师：同学们，这两句话用到的是我们常用的"有的，有的，有的"，你们能学着课文的句子把它改写成用一个"有"字的句式吗？同桌之间先说一说。

（同桌之间互说—指名说）

生₁：课间真热闹，同学们有跳绳的、跑步的、踢毽子的、捉迷藏的。

生₂：小动物的屋子，有正方形的、长方形的、圆形的、菱形的。

师：看来，同学们掌握了一个新的句型。请大家像这样，用一个"有"字来说话。

生₃：草地上长着许多小花，有紫的、黄的、红的，美丽极了。

生₄：秋天果子熟了，有苹果、杏子、葡萄，美味极了。

……

教学说明：上一环节认识到新句型的表达特点，这一环节通过改写句子，将训练重点直指新句型的表达特点，在反复训练中巩固。

2. 聚焦后半句，学习表达

出示句子：

葡萄一大串一大串地挂在绿叶底下，有红的、白的、紫的、淡绿的，五光十色,美丽极了。

公园里的花都开了,有桃花、杏花、迎春花,_____。

师:上一句,葡萄有红的、白的、紫的、淡绿的,作者觉得是"五光十色,美丽极了"。那公园里,有桃花、杏花、迎春花,你觉得怎样?能否也用几个词来表达?

生$_1$:我觉得是五颜六色,美丽极了。

师:连起来完整地说。

生$_2$:公园里的花都开了,有桃花、杏花、迎春花,五颜六色,美丽极了。

师:他是从颜色上来说的,所以是"五颜六色,美丽极了"。谁也来说说?

生$_3$:公园里的花都开了,有桃花、杏花、迎春花,香气扑鼻,十分迷人。

师:他是从香气来说。

……

教学说明:这个环节聚焦后半句四字词语的准确运用,教师要立足于打开学生的思路。

出示句子:

鲤鱼溪的鱼五颜六色,有黑的、红的、橙色的,_____,_____。

学校的体育器材可多了,有排球、足球、篮球,_____,_____。

师:同桌之间互相说说,下面这两句话可以怎么填?

(同桌互说—指名说)

……

教学说明:在学生仿写有困难的部分,单独设置练习,有利于重点突破。

第三步:仿写句子

师:请同学们模仿例句写两三句话,注意字迹工整,标点正确。

(生写话,师个别指导)

第四步:展示与交流

(略)

教学说明：此处展示与交流主要聚焦：1. "有……的、……的、……的、……的"句式的运用；2. 后面的四字词语的使用是否恰当。

【作业选登】

1. 春天到了，公园里的花都开了，有黄的、红的、白的，五彩缤纷，美丽极了。

2. 花坛里的花真多啊，有桂花、菊花、牡丹、玫瑰花，香气扑鼻，十分迷人。

3. 橱子里摆放着一个又一个布娃娃，有皮卡丘、小兔子、独角兽，各种各样，琳琅满目。

4. 树林里种植着一排一排的大树，有水杉、松柏、杨树，一派生机，壮观极了。

5. 玩具店有很多玩具，有遥控车、游戏机、玩具枪，各种各样，可爱极了。

6. 晚饭过后，公园里的人可多了，有跳舞的、散步的、赏花的，人来人往，热闹极了。

7. 秋天到了，树叶落了满地，有红的、绿的、黄的，五颜六色，漂亮极了。

8. 秋天，树叶一片一片地飘落到树下，有长的、短的、圆的、掌状的，各种各样，有趣极了。

9. 鲤鱼溪里游动着一群群鱼儿，有黑的、红的、橙色的，五彩斑斓，好看极了。

10. 我的画笔颜色可多了，有红的、绿的、黄的，五颜六色，应有尽有。

11. 体育课时，同学们纷纷在操场上活动，有跑步的、跳绳的、玩游戏的，到处欢声笑语，热闹极了。

12. 菜市场里摆放着各种蔬菜，有青菜、玉米、胡萝卜，品种丰富，应有尽有。

13. 学校的体育器材可多了，有排球、足球、篮球，各种各样，应有尽有。

14. 鲤鱼溪灯光秀的颜色可多了，有红的、黄的、紫的，五彩缤纷，美丽极了。

十一、寒号鸟

【课文范句】

1. 喜鹊一早飞出去，东寻西找，衔回来一些枯草，就忙着做窝，准备过冬。寒号鸟却整天出去玩，累了就回来睡觉。

2. 喜鹊住在温暖的窝里。寒号鸟在崖缝里冻得直打哆嗦，不停地叫着："哆啰啰，哆啰啰，寒风冻死我，明天就做窝。"

3. 天亮了，太阳出来了，喜鹊在枝头呼唤寒号鸟。可是，寒号鸟已经在夜里冻死了。

【读写提示】

这篇课文反复用到了并列句群，此文可以作为利用并列句群推进事情发展的典范。从第一自然段开始，课文就将寒号鸟和喜鹊放在一起介绍它们的住处。接着将喜鹊忙着做窝和寒号鸟只顾玩耍睡觉摆在一起形成鲜明对比。随着情节的推进，喜鹊和寒号鸟的结局也并列摆放。正是这一处处对寒号鸟与喜鹊的描述，推动着故事的发展。教学时，我们可以引导学生去认识这样的并列句群，学习这样的描写。

【教学实录】

第一步：读懂句子结构

1. 感受"勤劳"与"懒惰"

出示句子：

喜鹊一早飞出去，东寻西找，衔回来一些枯草，就忙着做窝，准备过冬。寒号鸟却整天出去玩，累了就回来睡觉。

师：请默读并思考：_____（谁）是_____（怎样的）。并说说你是从哪些字词看出来的。

（生读文并思考）

师：从句子中你们读懂了什么？从哪儿看出来？

生₁：我觉得喜鹊勤劳。从"一早"飞出去，"忙着"做窝看出来它很勤劳。

（师生一同品读"一早""忙着"）

生₂：我觉得寒号鸟很懒惰。从"整天"玩，累了"就"睡觉看出来的。

（师生一同品读"整天""就"）

师圈画相关词语：

喜鹊一早飞出去，东寻西找，衔回来一些枯草，就忙着做窝，准备过冬。寒号鸟却整天出去玩，累了就回来睡觉。

师：你们懂得从一些关键字词去体会，真好！

2. 聚焦"却"字

师：一句写勤劳，一句写懒惰，这两句话是怎么连在一起的呢？

（生读并思考）

生₁：用到了"却"字。喜鹊很勤劳，寒号鸟却很懒惰。

师：火眼金睛！正是这个"却"字把两个相反的事物摆在了一起。

（师生配合读，师读喜鹊部分，生读寒号鸟部分，然后交换）

教学说明：一个"却"字将喜鹊的勤劳与寒号鸟的懒惰连在一起，是这两句话中很重要的连接词。教学中避免过多讲解，在师生配合读中感受"却"字表达的意思。

3. 相同句式类比

师：同学们，这篇课文还有几个地方也是将喜鹊和寒号鸟写在了一起，你们能找出来吗？请在课文中标注出来。

（学生自读并圈画）

教师根据学生发言将相关句子用红色标注出来：

喜鹊住在温暖的窝里。寒号鸟在崖缝里冻得直打哆嗦，不停地叫着："哆啰啰，哆啰啰，寒风冻死我，明天就做窝。"

喜鹊在枝头呼唤寒号鸟。可是，寒号鸟已经在夜里冻死了。

师：你们能用上"却"字来说说这两部分吗？

生₁：喜鹊住在温暖的窝里。寒号鸟却在崖缝里冻得直打哆嗦，不停地叫着。

生₂：喜鹊在枝头呼唤寒号鸟。寒号鸟却已经在夜里冻死了。

出示：

①喜鹊一早飞出去，东寻西找，衔回来一些枯草，就忙着做窝，准备过冬。寒号鸟却整天出去玩，累了就回来睡觉。

②喜鹊住在温暖的窝里。寒号鸟在崖缝里冻得直打哆嗦，不停地叫着："哆啰啰，哆啰啰，寒风冻死我，明天就做窝。"

③天亮了，太阳出来了，喜鹊在枝头呼唤寒号鸟。可是，寒号鸟已经在夜里冻死了。

师：你们看这三句话都是写寒号鸟与喜鹊不一样的表现，不一样的结果，你们发现它们有什么不同？

（生观察，师适时点拨）

生₃：第一句用"却"。

生₄：第三句用"可是"。

生₅：第二句都没用。

师（小结）：看来，写两个不同表现的事物，可以直接放一起，也可以用上"却""可是"这些连接词。

教学说明：将课文中三个相似的句群对比阅读，有利于发现句群的相同点与不同点，丰富学生对这一句群的认识。

第二步：搭设台阶，仿着说

1. 创设情境，仿着说

师：我们在平常写话的时候也可以将两个有着不同表现的人或物写在一起。比如下面这个场景，你们可以学着来说一说吗？同桌之间先交流。

出示话题1：

在家里，妈妈很忙，爸爸很悠闲。

（同桌互说—指名回答）

生$_1$：在家里，妈妈一洗完碗，就开始拖地板。爸爸却悠闲地躺在沙发上看电视。

师：这么一对比，更突显了爸爸的悠闲。

生$_2$：周末，妈妈忙着洗衣服，拖地板，照看小弟弟。爸爸却一直坐着玩手机。

师：你这样一对比，就体现出了？

生$_3$：爸爸的懒。

（全班哈哈大笑）

师：如果调换顺序呢？周末，爸爸一直坐着玩手机。妈妈却忙着洗衣服，拖地板，照看小弟弟。

生$_4$：突出妈妈的忙。

师：是的，调换顺序，强调的意思就有所不同了。

出示话题2：

课堂上，小花认真听课，同桌不专心。

师：谁又能学着上面的句子说一说呢？

生$_5$：上课了，小红双手平放桌上，坐得端端正正，认真听老师讲课。同桌却一会儿东摸摸，一会儿西摸摸。

师：这两个完全不同的表现，中间用上"却"字。那不用"却"字呢？

生$_6$：上课了，小红双手平放桌上，坐得端端正正，认真听老师讲课。同桌一会儿东摸摸，一会儿西摸摸。

师：这样说，可以吗？

生$_7$：可以。

……

教学说明：通过给话题，集中练说的方式让学生将前面所学知识学以致用，在运用中感受并列句群。

2. 放手仿说

师：我们还可以用这样的方法介绍生活中哪些事物呢？同桌之间说一说。

（同桌互说—指名说）

……

第三步：仿写句子

师：请学着写一个片段，注意字迹工整，用好标点。

（生写，教师个别指导）

第四步：展示与交流

（略）

教学说明：此处展示与交流重点聚焦：前后两句是否并列关系。

【作品选登】

1. 在家里，妈妈一洗完碗，就开始拖地板。爸爸却悠闲地躺在沙发上看电视。

2. 姐姐一到家，就忙着做作业。弟弟到家后，却只顾着玩玩具。

3. 上课了，小东坐得端端正正，聚精会神地听老师讲课。可是他同桌却趴在桌上，望着窗外，不知在想什么。

4. 快放假了，我的语文练习册早已皱皱巴巴，脏兮兮的。小红的练习册却还是平平整整，连书角都没有折起。

5. 每天早读，东东一早就到班上，捧着语文书，大声读课文。兰兰却总是最后一个才到，常常踩着铃声进校门。

6. 妈妈买回一个榴莲，姐姐见了，赶紧冲过去，馋得直流口水。弟弟却捏着鼻子，跑得远远的。

十二、语文园地五

【课文范句】

细长的葫芦藤上长满了绿叶，开出了几朵雪白的小花。

茂密的枝叶向四面展开，就像搭起了一个个绿色的凉棚。

【读写提示】

上述句子通过加修饰语，让句子描写得更加具体。这是写句能力中的一项重要基本功，我们应创设多样的练写机会，让学生扎实此项写话能力。

【教学实录】

第一步：明确仿写重点

出示句子：

葫芦藤上长满了绿叶，开出了几朵小花。

细长的葫芦藤上长满了绿叶，开出了几朵雪白的小花。

师：同学们，请读读上面这两句话，看看句子加上"细长"和"雪白"，有什么不同。

（生读，思考—指名回答）

生$_1$：加上"细长"两个字，我仿佛看到了葫芦藤长长的、细细的样子。

生$_2$：加上"雪白"两个字，我知道了那花很白，像雪一样的颜色。

师：是的。加上这样的词语，介绍的事物就更具体了。再看下面两句话，读一读，感受一下加上带点字，你想象中的画面有了什么变化？

出示句子：

枝叶向四面展开，就像搭起了一个个凉棚。

茂密的枝叶向四面展开，就像搭起了一个个绿色的凉棚。

（生读，思考—指名回答）

生$_3$："茂密的枝叶"让我想象到葡萄树上的叶子很多、很密。

生$_4$："绿色的凉棚"强调的是绿油油的凉棚。

……

师（小结）：看来，我们平时在写话的时候也要学着用上这样的词语，它能让我们写出来的句子更加生动。

教学说明：这个环节的教学很有必要性，能让学生知道添加修饰语的作用，而不是为了加修饰语而加修饰语。

第二步：搭设台阶，仿着说

出示句子：

天空飘着气球。

师：你们看，从这句话我们只知道天空飘着气球，究竟是怎样的天空飘着怎样的气球，我们都不知道。但如果我们给句子用上修饰语，句子就更有画面感，我们来试试。请给下面的句子添上修饰语，先在同桌之间说一说。

出示句子：

_____的天空飘着_____气球。

（同桌互说—指名说）

生1：蓝蓝的天空飘着五颜六色的气球。

师：你是从颜色上说天空和气球的。

生2：晴朗的天空飘着一个个气球。

师："一个个"说的是气球的数量。

生3：美丽的天空飘着五彩的气球。

师：加上这些词语，"天空飘着气球"这句话所描写的画面就更美了。

……

教学说明：通过将"天空飘着气球"与加上修饰语后的句子相比较，感受修饰语的作用。

出示句子：

_____池塘开满_____荷花。

师：谁也来给这句加上修饰语？

生4：清澈的池塘开满美丽的荷花。

生5：宽阔的池塘开满粉红的荷花。

……

第三步：仿写句子

1. 出示句子，添加修饰语

出示：

树上停着小鸟。

草地上开满了鲜花。

花园里种着花。

师：请给上面句子补上修饰语，注意字迹工整，用好标点。

(生写，师个别指导)

2. 请联系生活中的事物，用上这样的修饰词写一两句话

(生写，师个别指导)

教学说明：这样的拓展练写，既可以在本节课内完成，也可以在后续的课堂内不断巩固。让学生在多次的练写、反馈、交流中强化这样的表达习惯。

第四步：展示与交流

(略)

教学说明：此处展示交流重点关注句子中所加修饰语是否恰当，以及加上修饰语之后的表达效果。

【作品选登】

1. 蓝蓝的天空飘着五颜六色的气球。
2. 弯弯的月亮就像一艘小小的船。
3. 路上，有一片绿油油的草地，草地上开满了五颜六色的鲜花。
4. 湛蓝的天空飘着一朵朵洁白的云朵。
5. 柿子树上挂满了沉甸甸的柿子，像一个个小红灯笼。
6. 厚厚的积雪给大地披上了一层棉被。
7. 森林里长满了郁郁葱葱的树木。
8. 碧绿的草地仿佛一块无瑕的绿毯。
9. 高大的树木立在路的两旁，就像一位位战士。
10. 天空中耀眼的太阳像一个大火球。
11. 圆圆的月亮高高地挂在天空。

十三、八角楼上

【课文范句】

这是个寒冬腊月的深夜，毛主席穿着单军衣，披着薄毯子，坐在竹椅上写文章。他右手握着笔，左手轻轻地拨了拨灯芯，灯光更加明亮了。凝视着这星星之火，毛主席在沉思，连毯子滑落下来也没有察觉到。

【读写提示】

（出示课文插图）

这是一组承接句群。这三句话描写了毛主席三组动作：第一组穿着，披着，坐在；第二组，握着，拨了拨；第三组，凝视着，沉思。就句群的层次关系来看，这三句话是按事物发展的先后顺序写的，内容连贯，组合成承接句群。

通过一组动作来描述人物行为，这是写话的基本功。我们不仅应在教学中给予重视，而且要创设适合迁移运用的情境，让学生不断仿写实践。

【教学实录】

第一步：读懂句群结构

1. 看图说话

（出示课文插图）

师：这是描写毛主席深夜忘我工作的场景。谁能看图来说说你看到了什么？

生$_1$：毛主席正坐在椅子上沉思。

生$_2$：毛主席坐在桌前，拨了拨油灯。

师：刚才两位同学看图都说到了两个动作，一个同学说的是"坐""沉思"，另一个说的是"坐""拨了拨"。而就这一幅图，课文中却一连用了八个动词来描述。

教学说明：学习范段前，先让学生看插图说话，目的在于让学生发现自己只能用两三个动词介绍画面，而课文竟能用八个动词来描写，以此来激发他们向课文学表达的动机。

2. 圈画动词，学习分解动作

出示句子：

这是个寒冬腊月的深夜，毛主席穿着单军衣，披着薄毯子，坐在竹椅上写文章。他右手握着笔，左手轻轻地拨了拨灯芯，灯光更加明亮了。凝视着这星星之火，毛主席在沉思，连毯子滑落下来也没有察觉到。

师：这就是课文中的段落，请同学们边读边圈画出他的动作。

（生读并圈画—指名回答）

生：……

教师根据学生反馈，在段落中标注：

这是个寒冬腊月的深夜，毛主席<u>穿着</u>单军衣，<u>披着</u>薄毯子，<u>坐</u>在竹椅上写文章。他右手<u>握着</u>笔，左手轻轻地<u>拨了拨</u>灯芯，灯光更加明亮了。<u>凝视着</u>这星星之火，毛主席在<u>沉思</u>，连毯子滑落下来也没有察觉到。

师：你们看课文插图，就这么一幅图，作者竟能分解出这么多的动作。你们看哪些是我们没注意到的？

生₁：没注意到他穿着什么，披着什么。

生₂：没注意到右手握着笔。

生₃：没注意到他凝视着灯火。

教学说明：引导学生从课文范句中发现自己平时所忽略的细节，进而向课文学习。

师：这三句话写了三组动作。（教师点拨引导学生发现）

生₄：第一组穿着，披着，坐在。

生₅：第二组握着，拨了拨。

生₆：第三组凝视着，沉思。

师：正是因为作者注意到了更多的细节，所描写出来的画面就更加生动。我们一起来读一读。

（生齐读片段）

师：我们看着图，学着课文的句子来介绍一下这幅图。

教学说明：通过划分动作组群，读句子，看图说句子等方式积累这组句子的表达。

第二步：仿着说

出示大象采摘香蕉图：

图11　叶建强　画

师：同学们，看这幅图，如果让你学着课文用一连串的动作来介绍大象摘香蕉，你会想到哪些动词？

生$_1$：伸长脖子。

生$_2$：卷起香蕉。

生$_3$：用力一拉。

生$_4$：装进袋子。

……

教师根据学生的发言，一一板书：

走　伸　卷　拉　装　扛

教学说明：让学生先看图说动词，意在减小仿说难度。集体观察，分解动作，让学生利用这些动词来表达，难度大大降低。

师：现在请学着课文用几句话来介绍一下大象摘香蕉，注意用上一连串的动词。同桌之间先说一说。

（同桌互说—指名回答）

向课文学写句

生₅：大象伸长鼻子，卷起香蕉，用力一拉，最后把香蕉装进袋子里。

师：用上了"伸长""卷起""用力一拉""装进"，真不错！

生₆：大象走过去，伸长鼻子用力一卷，摘下了一串又大又黄的香蕉，装在袋子里开心地捧回家。

师：用上了"走过去""伸长""一卷""摘下""装""捧"，一连用上六个动作来描写，给你点赞！

……

教学说明：仿说环节的点评主要关注学生是否能用一连串的动作来介绍大象摘香蕉的过程。

第三步：仿写句子

师：请根据上面所说，看图写话。注意写好一组组的连续动作。

（生写话，师个别指导）

教学说明：本节课重点写好这幅图，但在接下来的一段时间，教师可以将写一组组连续动作的片段作为平时写话的重点。

第四步：展示与交流

（略）

教学说明：此处展示与交流主要聚焦：1. 片段中一组组连续动作的描写；2. 标点的正确使用，往往两个动作之间用上逗号。

【作业选登】

1. 只见它迫不及待地跑上前，伸长鼻子，对准香蕉，用力一卷，一大串香蕉就到手了。它拿起香蕉，放进袋子里，扛着回家了。

2. 小象提着篮子来到郊外，一抬头，看见香蕉树上结满了金黄金黄的香蕉。它连忙跑到香蕉面前，伸出长长的鼻子，卷起一串香蕉，使劲地掰下来，装进袋子里。

3. 突然，有一股香味扑鼻而来。小象抬头一看，呀，是香蕉。它高兴地眼冒金光，连忙跑过去，伸长鼻子，卷起一截，又拉又扯，终于摘下来了。它小心翼翼地放到袋子里，扛在肩膀上，兴高采烈地往回走。

4. 小象跑到香蕉林里，看见又高又壮的香蕉树上结满了又黄又大的香

160

蕉。小象伸长鼻子，卷起一串香蕉，用力一拉，一大串香蕉就到手了。小象把香蕉装到袋子里，提着回家了。

十四、朱德的扁担

【课文范句】

他<u>穿</u>着草鞋，<u>戴</u>着斗笠，<u>挑</u>起粮食，跟大家一块儿<u>爬</u>山。

【读写提示】

这句话一连用四个动词描写朱德上山挑粮，排列工整，读起来朗朗上口。本单元的每篇课文都有像这样的句子，如：《八角楼上》"毛主席穿着单军衣，披着薄毯子，坐在竹椅上写文章"；《难忘的泼水节》"他接过一只象脚鼓，敲着欢乐的鼓点，踩着凤凰花铺成的'地毯'，同傣族人民一起舞蹈"；《刘胡兰》"她迎着呼呼的北风，踏着烈士的鲜血，走到铡刀前"。因此，这单元的学习，可将仿写这样排列工整的连续动词作为一个训练重点，扎实他们写句的基本功。

【教学实录】

第一步：读懂句子表达特点

出示句子：

他穿着草鞋，戴着斗笠，挑起粮食，跟大家一块儿爬山。

师：请同学们边读边圈画出这句话的动词。

（生读并圈画—指名回答）

教师根据学生回答圈画如下：

他穿着草鞋，戴着斗笠，挑起粮食，跟大家一块儿爬山。

师：你们看这几个动词读起来朗朗上口：穿着草鞋，戴着斗笠，挑起粮食。我们一起来读一读。

（生齐读）

师：我们一起来看图读句子。

（师生看图读句子，再读句子做动作）

教学说明：这几个动词对学生而言理解上没有难度，因此不需要过多分析。我们本环节重在让学生发现排列整齐的动词词组，读中感受并积累这样的表达。

第二步：搭设台阶，仿着说

1. 扶着仿说

出示一张图片：

图12　周雅惠　画

师：请看图说话，学着上面的句子用上整齐的动词。看着这张图画，你想到了哪些词？

生$_1$：挑着箩筐。

生$_2$：戴着斗笠。

生$_3$：拄着拐杖。

生$_4$：顶着烈日。

师：谁能学着上面的句子连起来说？

生$_5$：他们挑着箩筐，拄着拐杖，顶着烈日，艰难地向前走。

生$_6$：他们戴着斗笠，挑着箩筐，拄着拐杖，一步一步向山顶爬去。

教学说明：此处教学的重点在于让学生学着用整齐的动词词组来表达。

2. 放手仿说

出示另外两张图：

图13　周雅惠　画

师：请继续看图说话，学着上面的句子用上整齐的词语。

（同桌互说—指名说）

生$_1$：军训的时候，他们蹲着马步，举着手，流着汗，喊着口号。

生$_2$：军训的时候，他们顶着烈日，举着双手，蹲着马步，大声喊着口号。

生$_3$：阿姨们戴上帽子，套上手套，提着篮子，满山找蘑菇。

……

教学说明：此环节教师重在指导学生用好动词，并注意动词排列的工整。

第三步：仿写句子

师：请根据上面所说，看图写话。注意写好排列整齐的词语。

（生写话，师个别指导）

教学说明：教师在巡视时重点关注学生是否写好排列整齐的词语，在必要时给予指导。

第四步：展示与交流

（略）

教学说明：此处展示与交流主要聚焦：1. 动词使用是否准确；2. 词语排列是否整齐。

【作业选登】

1. 工人们挑着木头，踩着木桥，顶着烈日，艰难地向前走。
2. 军训的时候，他们顶着烈日，举着双手，喊着口号，整齐地蹲马步。
3. 阿姨们戴上帽子，套上手套，提着篮子，满山找蘑菇。
4. 夜晚，我走在海滩上，望着天空，吹着海风，舒服极了。
5. 工人弯着腰，流着汗，喊着号子，拉着一车的木头。
6. 小白兔拿着篮子，跑进菜园，拔起萝卜，放进篮子里。
7. 操场上，同学们踢着足球，打着篮球，玩着跳绳，欢快极了。
8. 我弯下腰，捡起铅笔，放进笔袋，拉上拉链。
9. 早晨，我穿上衣服，戴上红领巾，背上书包，高兴地去上学。
10. 我弯着腰，流着汗，喊着号子，慢慢地穿过山洞。
11. 春娃娃迈着轻盈的脚步，跑进公园，奔向田野，走进大森林。
12. 在学校里，我们学习着，玩耍着，成长着。

十五、难忘的泼水节

一、课文范句

周总理一手端着盛满清水的银碗，一手拿着柏树枝蘸了水，向人们泼洒，为人们祝福。傣族人民一边欢呼，一边向周总理泼水，祝福他健康长寿。

【读写提示】

这是一个并列句群，第一句描述周总理的动作，第二句描述傣族人民的动作。这一片段，仅用两句话写出了泼水节现场的热闹场面。场景描写没有过多的人物，而是紧紧抓住周总理和傣族人民这两个主要人物。正是因为抓住了重点，也写出了泼水节现场的热闹与人们的欢乐。

这一并列句群可以作为学生学习写场景的范例。学习抓住场景中重点人物,进行分别描述,进而呈现出场景画面的方法。

【教学实录】

第一步:读懂句子间的关系

1. 感受连续动作的描写

出示句子:

周总理一手端着盛满清水的银碗,一手拿着柏树枝蘸了水,向人们泼洒,为人们祝福。傣族人民一边欢呼,一边向周总理泼水,祝福他健康长寿。

师:同学们,这里仅两句话,却写了七个动作。请大家自由读一读句子,并圈画出动词。

(生读文并圈画)

师:谁来说说都圈出了哪些词?

生₁:端着、拿着、泼洒、祝福、欢呼、泼水、祝福。

生说,师标注,如下:

周总理一手<u>端着</u>盛满清水的银碗,一手<u>拿着</u>柏树枝蘸了水,向人们<u>泼洒</u>,为人们<u>祝福</u>。傣族人民一边<u>欢呼</u>,一边向周总理<u>泼水</u>,<u>祝福</u>他健康长寿。

师:我们一起来读读这两句话,感受一下这一连串的动作。

(师生齐读)

师:你们发现句子是怎样将这些动作连在一起的?

生₂:用"一手,一手"写周总理的动作,用"一边,一边"写傣族人民。

师:是的。(教师引读)周总理一手(端着盛满清水的银碗),一手(拿着柏树枝蘸了水)。傣族人民一边(欢呼),一边(向周总理泼水)。

(师边读,边做动作)

(变着花样读:师生配合读,小组配合读)

教学说明:学习用多个动词来描写人物,是二年级写话的重点之一。像本范例这样的句子就应该引导学生去学习,去品味。在这过程中,同样摒弃繁琐的分析,而是通过边读边做动作,潜移默化地积累范句表达。

2. 读懂并列句群

师:同学们,这个片段是写泼水节场面,你们发现主要抓住谁来写?

生₁：周总理，还有傣族人民。

师：泼水节人山人海，课文为什么就只抓住周总理和傣族人民来写呢？

生₂：因为他们是主角。

生₃：因为周总理是这次泼水节的主要人物，所以要写。

生₄：泼水节是傣族人民的节日，所以他们也是主角。

师：是的，他们都是主要的人物。《难忘的泼水节》写的就是周总理和傣族人民一起过泼水节，所以，课文就抓住了他们来写。

教师标注如下：

周总理一手端着盛满清水的银碗，一手拿着柏树枝蘸了水，向人们泼洒，为人们祝福。**傣族人民**一边欢呼，一边向周总理泼水，祝福他健康长寿。

师（小结）：同学们，在泼水节的场景中，课文抓住了主要人物周总理和傣族人民来写，让我们读着句子，仿佛看到了当时的场面。看来，我们平时在写场面的时候，学着抓住几个主要的人来写，就能把场面写出来。

第二步：搭设台阶，仿着说

1. 出示图画，扶着说

图 14　周雅惠　画

教师节那天，校门口可热闹了。

师：现在我们也来试试。你们看教师节，同学们在校门口送老师鲜花的场景。你们觉得我们可以抓住谁来写？

生₁：抓住老师和同学们来写。

师：我们暂且就称图中的是张老师吧。除了张老师，旁边还有这么多学生，你们准备都要一一描写吗？

生₂：不用，就写主要的那几个同学。

师：哪个同学？

生₃：献花的和送贺卡的。

师：如果我们学着课文的句子，还可以怎么写？

生₄：学生就合在一起写，不要一个一个介绍。

师：这也是个好主意。同桌之间先说一说。

（同桌互说—指名说）

生₅：教师节到了，同学们有的送贺卡，有的献鲜花，有的敬礼，都在祝老师节日快乐。张老师微笑着，伸手接过同学们的鲜花，笑得很开心。

师：你抓住同学和老师，说出了这个场景，真不错！

生₆：在校门口，张老师微笑着，看着同学们，伸手接过美丽的鲜花。同学们纷纷献上自己的礼物，并给老师敬礼，表达自己最高的敬意。

……

2. 放手练说

出示图画：

图 15　周雅惠　画

师：第一幅图是老师在给同学们讲故事，第二幅是同学们去探望生病的小红。请选择其中一幅，抓住主要人物来介绍，同桌之间先说一说。

（同桌互说—指名说）

生₁：体育课上，老师给同学们讲笑话，一会儿学猫叫，一会儿学狗叫。同学们听了一边鼓掌，一边喝彩。

生₂：小红生病了，她一边躺在床上，一边和同学们说话。同学们送来了水果，送来了书本，祝愿她早日康复。

……

教学说明：本环节的练说，师生交流主要关注：是否学习课文范句选择两个主要人物来描写，以此介绍画面内容。

第三步：仿写句子

师：请选择其中一幅画面，学着课文来描写。注意抓住主要人物写。

（生写，师个别指导）

教学说明：课堂时间有限时，可以让学生选择其中一幅来写。在全班交流时，他们就可以接触到三个画面的介绍。在本课学习结束之后，有时间就可以让他们继续练写，在多次的写话中巩固并列句群。

第四步：展示与交流

（略）

教学说明：此处展示交流主要聚焦：1. 是否像课文这样抓主要人物，运用并列句群来写画面；2. 片段中动词的使用。

【作业选登】

1. 在校门口，张老师微笑着，看着同学们，伸手接过美丽的鲜花。同学们纷纷献上自己的礼物，并向老师敬礼，表达自己最高的敬意。

2. 老师用手比划着，小声地说着游戏规则。同学们开心极了，一边欢呼，一边倾听着。

3. 老师给大家讲故事，一会儿学鸭子"嘎嘎"叫，一会儿学小鸟"喳喳"叫。同学们安静地坐着，认真地听着，经常被逗得捧腹大笑。

4. 我一手握着铅笔，一手按住本子，仔仔细细地写作文。爸爸一边吃桃子,一边看着我写作文,看得可认真了。

5. 体育课上,老师给同学们讲笑话,一会儿学猫叫,一会儿学狗叫。同学们听了一边鼓掌,一边喝彩。

6. 小丽生病了,她躺在床上和同学们说话。同学们送来了水果,送来了书本,祝愿她早日康复。

7. 教师节到了,同学们有的送贺卡,有的献鲜花,有的敬礼,都祝老师节日快乐。张老师微笑着,伸手接过同学们的礼物,笑得很开心。

十六、雾在哪里

【课文范句】

"我要把大海藏起来。"于是,他把大海藏了起来。无论是海水、船只,还是蓝色的远方,都看不见了。

【读写提示】

这是一个承接句群。先写怎么说——我要把大海藏起来,再写怎么做——他把大海藏了起来,最后写结果怎么样——无论是海水、船只,还是蓝色的远方,都看不见了。这样的承接句群对于学生今后而言,不论是写话还是习作都可以迁移运用。教学中,不仅要让学生读懂句与句之间是如何连接的,而且要拓宽他们运用此句群的思路。

【教学实录】

第一步:读懂句群结构

出示句子:

"我要把大海藏起来。"于是,他把大海藏了起来。无论是海水、船只,还是蓝色的远方,都看不见了。

1. 读懂句群结构

> 向课文学写句

创设各种情境，熟读这一片段。

师：同学们，这里的三句话分别写了三个不同的内容，你们发现了吗？

（生思考—教师适当点拨）

生₁：第一句写雾说了什么。

生₂：第二句写雾把大海藏了起来，也就是写雾怎么做。

生₃：第三句写雾把大海藏起来之后怎么样了。

师（小结）：是的。这三句话，第一句写雾"怎么说"，第二句写雾"怎么做"，第三句写"结果怎么样"。

（教师标注如下）

   （怎么说）   （怎么做）

"我要把大海藏起来。"于是，他把大海藏了起来。无论是海水、船只，还是蓝色的远方，都看不见了。

（结果怎么样）

师：其实，课文还有几处也是按"怎么说"＋"怎么做"＋"结果怎么样"来介绍的，请同学们默读课文，找出这些地方，也学着上面用不同的线条画出来。

（学生读文并圈画—同桌相互交流—指名回答）

在师生交流中标注如下：

第一处：

   （怎么说）   （怎么做）

"现在我要把天空连同太阳一起藏起来。"于是，他把天空连同太阳一起藏了起来。霎时，四周变暗了，无论是天空，还是天空中的太阳，都看不见了。   （结果怎么样）

第二处：

   （怎么说）   （怎么做）

"现在我要把海岸藏起来。"雾把海岸藏了起来，同时也把城市藏了起来。房屋、街道、树木、桥梁，甚至行人和小黑猫，雾把一切都藏了起来，什么都看不见了。

（结果怎么样）

第三处：

　　（怎么说）　　　　　　（怎么做）
"我要把自己藏起来。"雾把自己藏了起来。

不久，大海连同船只和远方，天空连同太阳，海岸连同城市，街道连同房屋和桥梁，都露出来了。路上走着行人。小黑猫也出现了，它摇着黑尾巴，闲适地漫步。　　（结果怎么样）

师（小结）：看到了吗？课文分别写了雾把大海、天空连同太阳、海岸等藏起来，而这四部分都是按"怎么说"＋"怎么做"＋"结果怎么样"来写的，将内容写得很清楚。

教学说明：这一环节，师生共同梳理出范段的结构——"怎么说"＋"怎么做"＋"结果怎么样"，从而知道这一部分句子与句子之间是如何连接的。通过课文相同结构的三处语段，在相互类比中发现共同点。另外，范句中的连接词"于是"与关联词组合"无论是，还是，都"也值得学生深入学习。下面以"无论是，还是，都"为例进行教学。

2. 学习"无论是……，还是……，都……"

出示句子：

无论是海水、船只，还是蓝色的远方，都看不见了。

雾时，四周变暗了，无论是天空，还是天空中的太阳，都看不见了。

师：请同学们读读上面的两句话，你们发现他们都用到了哪些词？

（生读并思考—指名回答）

生：我发现这两句话都用上了"无论，还是，都"。

教师标注如下：

无论是海水、船只，还是蓝色的远方，都看不见了。

师：这里其实是两个关联词连用，一个是"无论，都"，另一个是"是，还是"。老师现在如果像这样把"海水""船只"与"蓝色的远方"调换顺序，你们觉得如何？

出示：

无论是海水、蓝色的远方，还是船只，都看不见了。

（生思考）

生₁：不行。因为这样句子不通顺。

教学说明：课堂中，教师改动课文句子，他们往往潜意识里都会认为是不可以，但又说不上理由时，就说"这样句子不通顺"。说明此时需要教师给予点拨。

师：是不通顺吗？你们想想"海水""船只"及"蓝色的远方"谁在近处，谁在远处，再想想可不可以调换顺序？

生₂：不能调换。因为"海水""船只"在近处，"蓝色的远方"在远处。所以这句话是先说近处，再说远处。

师：是的，句子是按顺序表达的，先说近处的——"海水""船只"，再说远处的——"蓝色的远方"，都看不见了。

出示：

雾时，四周变暗了，无论是天空，还是天空中的太阳，都看不见了。

师：那这句话呢？按什么顺序？

生₃：这句话是从大到小，先说大的——天空，再说小的——天空中的太阳。

师：说得太好了。这句话是从大到小的顺序。

教学说明：学生在仿写这句话时，常见的问题是随意选择几样事物就往里填，如："雾把校园藏了起来。无论是教室、校门，还是楼梯都看不见了"，句子中的"教室""校门""楼梯"都是随机选用，他们没有考虑到所说事物要讲求一定的顺序，才能让表达更清楚。所以此处教学很有必要。

第二步：搭设台阶，仿着说

1. 扶着仿说

师：同学们，如果雾来到学校。你觉得它会怎么说，怎么做，结果怎样？同桌之间先说一说。

（同桌互说—指名说）

生₁："我要把学校藏起来。"于是，他把学校藏了起来。无论是操场，还是操场上正在奔跑的小学生，全都看不见了。

师：你也能按"怎么说＋怎么做＋结果怎样"表达。真不错！更令老师吃惊的是，你先说"操场"，再说"操场上的正在奔跑的小学生"，按从大到小的顺序。

生₂："我要把学校藏起来。"于是，雾把学校藏了起来。无论是学校大门、操场，还是远处的教学楼，都看不见了。

师：也说得不错。你先说近处的——学校大门、操场，再说远处的——教学楼，按从近到远的顺序。

……

师：那雾来到鲤鱼溪。它又会怎么说，怎么做，结果怎样？

……

教学说明：重点以"雾把校园藏起来"为例，指导学生仿说，并以此为基础举一反三。而此环节师生的交流紧紧围绕是否按"怎么说＋怎么做＋结果怎样"来说，且是否有注意事物间按一定的顺序介绍。

2. 拓展延伸，放手仿说

师：你还能用"怎么说＋怎么做＋结果怎么样"这样的结构说说生活中的其他事情吗？

（生思考—指名回答）

生₁："我要把书包收拾好。"于是，我把学习用品一件一件放进书包里。无论是书本、本子，还是铅笔盒，都被我收拾好了。

生₂："我要把饭菜吃完。"于是，我把饭菜都吃完了。无论是豆芽、蘑菇，还是香喷喷的米饭，都被我吃得一干二净。

……

教学说明：这是远迁移。从课文中的情境向生活拓展，在举一反三的说话练习中巩固"怎么说＋怎么做＋结果怎么样"的句子表达。

第三步：仿写句子

师：请选择上面所说的一到两个片段写下来，注意学着课文按"怎么说＋怎么做＋结果怎么样"来写。

（学生写，教师个别指导）

第四步：展示与交流

（略）

教学说明：此处展示与交流主要聚焦：1. 是否按"怎么说＋结

果怎样"来写；2. 关注句子中标点的使用。

【作业选登】

1. "我要把大山藏起来。"于是，他把大山藏了起来。无论是树林，还是树林中又高又壮的树木，全都看不见了。

2. "我要把大街藏起来。"于是，他把大街藏了起来。无论是来来往往的行人，还是奔跑的汽车都看不见了。

3. "我要把鲤鱼溪藏起来。"于是，雾把鲤鱼溪藏了起来。无论是池塘、鲤鱼，还是远处的石桥，都看不见了。

4. "现在我要把城市连同小岛一起藏起来。"于是，他把城市连同小岛一起藏了起来。霎时，四周变暗，无论是城市，还是小岛，都看不见了。

5. "我要把作业写得漂漂亮亮。"于是，他认认真真地写起作业。无论是语文作业、数学作业，还是英语作业，他都写得工工整整，漂漂亮亮。

6. "我要把饭菜吃完。"于是，我把饭菜都吃完了。无论是豆芽、蘑菇，还是香喷喷的米饭，都被我吃得一干二净。

7. "我要把房间打扫干净。"于是，我认认真真地打扫房间。无论是脏乱的桌面，还是杂乱的书柜，都被我打扫得干干净净。

8. "我要把画画得漂漂亮亮。"于是，弟弟拿起手中的画笔画了起来。无论是人们、树木，还是高高的楼房，弟弟都画得栩栩如生。

9. "我们要把教室打扫得干干净净。"于是，我们开始打扫班级。无论是纸条、垃圾，还是肮脏的桌面，都被我们打扫得干干净净。

10. "我要把作业写完。"于是，哥哥抓紧时间写作业。无论是语文作业、数学作业，还是英语作业，都写完了。

十七、狐假虎威

【课文范句】

老虎跟着狐狸朝森林深处走去。狐狸神气活现，摇头摆尾；老虎半信半疑，东张西望。

【读写提示】

这是先概括后具体的总分句群。前一句概括地说——老虎跟着狐狸朝森林深处走去。后一句分别具体描述狐狸和老虎的模样。教学时要让学生读懂这两句话之间的关系，仿写时学生才能举一反三。

【教学实录】

第一步：读懂句群结构

出示句子：

老虎跟着狐狸朝森林深处走去。狐狸神气活现，摇头摆尾；老虎半信半疑，东张西望。

师：老虎跟着狐狸朝森林深处走去，它们分别是什么表现？

生$_1$：狐狸神气活现，摇头摆尾。

生$_2$：老虎半信半疑，东张西望。

师：请两个同学分别来表演一下老虎和狐狸，谁愿意来？

（请生上台演示）

教学说明："神气活现""摇头摆尾""东张西望"这些词让二年级学生用语言描述有一定难度，完全可以通过动作演示的方式来理解。

师：读了故事，你知道它们为什么会有这样不同的表现吗？

生$_3$：狐狸为了表现出自己是上天派来管百兽的，就故意神气活现，摇头摆尾。

生₄：老虎听了狐狸的话半信半疑，所以它东看看，西瞧瞧就是为了弄清楚狐狸说的到底是不是真的。

师：第一句概括地写它们朝森林深处走去，第二句分别具体地写狐狸和老虎的模样。

教师标注如下：

　　　　（概括）　　　　　　　　（具体）

老虎跟着狐狸朝森林深处走去。狐狸神气活现，摇头摆尾；老虎半信半疑，东张西望。

师（小结）：我们平时写话的时候也可以学着这样先概括地写，然后再具体介绍。

教学说明：对于"总分句群""先概括后具体"这些概念，教师并不做深入讲解，只要学生根据句子能粗略明白即可。

第二步：搭设台阶，仿着说

1. 扶着仿说

出示图片：

图16　周雅惠　画

师：同学们，你们能学着上面的句子先总的说他们做什么，再具体介绍他们分别在做什么吗？想好后，同桌之间先说一说。

（同桌互说—指名说）

生$_1$：哥哥和妹妹一起骑着自行车出去玩。妹妹高兴不已，东张西望；哥哥紧抓把手，不停地踩着踏板。

师：哇，你能先总的说——哥哥带妹妹骑车去玩，然后又具体介绍妹妹怎样，哥哥怎样。真不错！

生$_2$：哥哥带着妹妹出去玩。哥哥踩着自行车，欢快地唱着歌；妹妹欢笑着，也唱着歌。

生$_3$：哥哥载着妹妹朝家骑去。哥哥骑得平稳有力，时不时回头看看妹妹；妹妹哼着小曲，左看看，右瞧瞧。

师：大家都能学着句子，先总说，后具体说。老师要表扬大家。

教学说明：教师的点评始终关注学生是否能按"先概括地说，后具体地说"。课堂中，还可以引导学生互评，关注点仍是这个教学重点。

2. 迁移运用，仿说练说

师：现在请选择其中一幅图，按照上面的句子"先总的说，后具体说"。同桌间说一说。

图17 周雅惠 画

（同桌互说—指名说）

生$_1$：小红和小刚一起抓蝴蝶。小明拿着网，负责抓蝴蝶；小刚拿着罐子，负责把蝴蝶装进罐子里。

生$_2$：哥哥给弟弟讲故事。哥哥讲得绘声绘色；弟弟听得津津有味，乐在其中。

……

教学说明：本环节意在迁移运用前面所学知识点，因此在交流时要紧扣重点，做到"教学评"一致。

第三步：仿写句子

师：请选择其中一幅图，按照上面"先总的说，后具体说"的结构写话。注意字迹工整，用好标点。

（生写话，师个别指导）

第四步：展示与交流

（略）

教学说明：此处展示与交流主要聚焦：1. 是否按"先总的说，后具体说"的结构写话；2. 具体描写部分是否恰当。

【作业选登】

1. 我和弟弟一起去河边玩。他在前面活蹦乱跳，健步如飞；我东看看，西瞧瞧，慢吞吞地走着。

2. 今晚爸爸陪我做作业。我一手握着铅笔，一手按住本子，仔仔细细地写作文；爸爸坐在椅子上，一边看报纸，一边陪着我。

3. 哥哥载着妹妹出去玩。哥哥小心翼翼地骑着自行车；妹妹开开心心地坐在后面。

4. 哥哥载着妹妹往家骑去。哥哥紧抓把手，不停地踩着踏板；妹妹高兴不已，东张西望。

5. 他们一起捉蝴蝶。小刚拿着网子，寻找那美丽的蝴蝶；小美捧着玻璃瓶，悄悄地跟在后面。

6. 哥哥给弟弟讲故事。哥哥讲得绘声绘色，手舞足蹈；弟弟听得津津有味，乐在其中。

7. 哥哥带着妹妹去田间玩耍。妹妹心花怒放，欢天喜地；哥哥兴致勃勃，干劲十足。

8. 同学们在太阳伞下看书。太阳伞上的小鸟叽叽喳喳，娓娓动听；同学们认认真真，全神贯注。

9. 爸爸妈妈带我去休闲吧。我一边听着美妙的音乐，一边听妈妈讲故事；爸爸在一旁认认真真地看报纸。

十八、纸船和风筝（一）

【课文范句】

小熊拿起纸船一看，乐坏了。纸船里放着一个小松果，松果上挂着一张纸条，上面写着："祝你快乐！"

【读写提示】

这是一个因果句群。第一句先写结果——小熊拿起纸船一看，乐坏了。第二句再写原因——纸船里放着一个小松果，松果上挂着一张纸条，上面写着："祝你快乐！"学生在写话中通常是先写原因，再写结果，学习这种先写结果，再写原因的表达，有利于丰富学生的表达句式。

【教学实录】

第一步：读懂句群结构

出示句子：

小熊拿起纸船一看，乐坏了。纸船里放着一个小松果，松果上挂着一张纸条，上面写着："祝你快乐！"

师：请同学们读读这两句话，想想小熊为什么乐坏了？请画出有关句子。

（生读文，并圈画—指名交流）

生₁：小熊乐坏了，是因为纸船里放着一个小松果，松果上挂着一张纸条，上面写着："祝你快乐！"

教师在句子上标注如下：

小熊拿起纸船一看，乐坏了。纸船里放着一个小松果，松果上挂着一张纸条，上面写着："祝你快乐！"（原因）

师：你觉得他开心的主要原因是？

生₂：纸条上面写着"祝你快乐！"

向课文学写句

师：是的，这让他乐坏了。

教师在句子上标注如下：

<u>小熊拿起纸船一看，乐坏了</u>（结果）。<u>纸船里放着一个小松果，松果上挂着一张纸条，上面写着："祝你快乐！"</u>（原因）

师：作者把纸船的情况介绍得很细致。我们一起读。

生（齐读）：纸船里放着一个小松果，松果上挂着一张纸条，上面写着："祝你快乐！"

师：这两句话和我们平常的表达有点不同。我们平常往往习惯先说原因，再说结果，而这两句话是先说结果——乐坏了，再说乐坏的原因。现在老师读结果部分，你们读原因部分。

（师生配合读）

第二步：搭设台阶，仿着说

1. 提供话题，扶着说

出示句子：

红红打开礼物一看，惊呆了。_____。

妈妈拿起试卷一看，脸瞬间阴沉了下来。_____。

师：同学们，现在让我们学着课文先写结果，再写清原因。请补充上面句子，同桌之间先说一说。

（同桌互说—指名说）

生₁：红红打开礼物一看，惊呆了。盒子里放着一个水晶球，水晶球上贴着："祝你生日快乐！"

师：真棒！他把原因说的很具体，盒子里有水晶球，水晶球上贴着字。

生₂：红红打开礼物一看，惊呆了。里面竟然是她最需要的笔记本，上面画着她最喜欢的小熊。

师：也能把原因说具体，不错！谁来说说下一句？妈妈拿起试卷一看，脸瞬间阴沉了下来，你觉得会是什么原因呢？

生₃：妈妈拿起试卷一看，脸瞬间阴沉了下来。试卷上写着一个大大的"不及格"。

生₄：妈妈拿起试卷一看，脸瞬间阴沉了下来。试卷上写着一个大大的

180

"加油",旁边是个鲜红的"59"分。

师:老师要给你点个大大的赞!你能把原因说得这么具体。

教学说明:仿说环节,教师创设两个贴近学生生活的情境,这使得学生有话可说。教师在这过程中引导学生把原因说具体,为下面的仿写打基础。

2. 拓展延伸,放手仿说

师:你们能按"先说结果,后说原因"的句式,说说身边的事情吗?同桌之间先说一说。

(同桌互说—指名说)

……

教学说明:在前面提供话题,补充句子的基础上,让学生根据句式,说身边的事情,这样的"远迁移"是学生真正掌握句式所必要的环节。

第三步:仿写句子

师:请仿照课文的句子写几句话,注意"先写结果,后写原因"。

(生写句子,师个别指导)

第四步:展示与交流

(略)

教学说明:此处展示与交流重点关注:1. 是否按"先说结果,后说原因"的句式写;2. 句子前后是否合理。

【作业选登】

1. 妈妈拿起小明的试卷一看,脸色瞬间变了。试卷上写着鲜红的59分。

2. 红红打开礼物一看,惊呆了。礼盒里面竟然放着她梦寐以求的洋娃娃。

3. 姐姐拿出礼物一看,乐坏了。那是个芭比娃娃,上面的纸条上写着:"祝你生日快乐!爱你的妈妈!"

4. 我拿起礼物一看,乐坏了。礼物里有个水晶草莓,草莓上挂着一张纸条,上面写着:"祝你快乐!"

5. 我拿起试卷一看,乐坏了。试卷上面赫然写着鲜红的100分。

6. 我实在太开心了!你还愿意继续和我做朋友。

7. 小丽看见自己的试卷，眉开眼笑。她考了高分，试卷上写着"真棒"。

8. 小明推开门一看，开心极了。沙发上坐着她最爱的奶奶，奶奶正微笑地看着他。

9. 妈妈拿起试卷一看，气坏了。试卷上有很多错题，试卷的最上角写着"要努力"。

10. 小红拿起信，哈哈大笑。信纸上画着一个人背着一个孩子，上面还写着"父与子"。

十九、纸船和风筝（二）

【课文范句】

纸船漂哇漂，漂到小熊家门口。

风筝飘哇飘，飘到了松鼠家门口。

【读写提示】

这两句话相对应的是"纸船漂到小熊家门口"和"风筝飘到了松鼠家门口"。范句加上了"漂哇漂""飘哇飘"，让读者感受到纸船和风筝是经过了一段时间才到达的，让表达更有过程感。

【教学实录】

第一步：读懂句子特点

出示句子：

纸船漂到小熊家门口。

纸船漂哇漂，漂到小熊家门口。

师：请读读上面两句话，想想第二句加上"漂哇漂"，给你什么不同的感受？

（生自由读）

师：谁来说说？

生₁：第二句加上"漂哇漂"，感觉纸船漂了很久。

生₂：我仿佛看到纸船在水中慢慢地漂哇漂。

师：是啊，纸船漂哇漂（教师夸张地读），让我们感受到了它在小溪里漂了很久很久。而第一句就没有这感觉。我们一起读。

（师生齐读：纸船漂哇漂，漂到小熊家门口）

出示句子：

风筝飘到了松鼠家门口。

风筝飘哇飘，飘到了松鼠家门口。

师：读读这两句话，说说加上"飘哇飘"又有什么不同？

（生读，思考）

生₃：加上了"飘哇飘"，仿佛看到风筝在蓝蓝的天空中飞向松鼠家。

生₄：加上了"飘哇飘"，同样让人觉得风筝飘了很久很久。

……

师（小结）：是的，句子加上了"飘哇飘"让我们感受到了风筝飘的过程，读的人不同，想象也不相同。

教学说明：本环节主要通过对比读，感受两句话的差异，并在读中想象，读中品味后一句话所表达的特点。

第二步：搭设台阶，仿着说

1. 出示句子，扶着说

出示句子：

小树长成了大树。

小兔子跳到美丽的花园。

我跑回了家里。

师：谁能学着课文的句子，也把这过程感写出来？同桌之间先说一说。

（同桌互说—指名说）

生₁：小树长呀长，长成了大树。

生₂：小兔子跳呀跳，跳到美丽的花园。

生₃：我跑哇跑，跑回了家。

师：看来大家都学会了。

教学说明：提供句子，让学生仿说，大大降低了仿说难度。

2. 拓展迁移，放手说

师：那谁能学着这句话说句子呢？

……

教学说明：在前面仿说的基础上，放手自由说句子，在反复的练说中"熟能生巧"。

第三步：仿写句子

师：请学着课文的句子，写几句话。注意字迹工整，用好标点。

（生写，师个别指导）

第四步：展示与交流

（略）

教学说明：此处展示与交流重点关注：1. 句子中重叠词的使用是否恰当；2. 让学生在读中感受句子加上叠词的作用。

【作业选登】

1. 小狗跑呀跑，跑到了草坪上。
2. 我们爬呀爬，终于爬到了山顶。
3. 小红走哇走，走到了她自己的家。
4. 小鱼游啊游，游进了大海深处。
5. 落叶漂哇漂，漂到了大海里。
6. 一群小鸟飞哇飞，飞上了蓝蓝的天空。
7. 小青蛙跳哇跳，跳到了圆圆的荷叶上。
8. 小苗长啊长，长成了大树。
9. 乌龟爬呀爬，爬到了终点。
10. 顽皮的风吹呀吹，把人们晒的衣服都吹乱了。
11. 蝴蝶飞呀飞，飞到了花朵上。
12. 小树长啊长，长成了参天大树。
13. 小鸟飞呀飞，飞到了我家屋顶。

14. 小兔子跳哇跳，跳到美丽的花园。

二十、风娃娃

【课文范句】

他深深地吸了一口气，鼓起腮使劲向风车吹去。

【读写提示】

这句话的中心意思是——风娃娃向风车吹去。但作者在写"吹"这个主要动作之前，还写出伴随这个主动作的两个小动作——深深地吸了一口气，鼓起腮。能够将一个大动作分解成几个小动作，并进行细致描写，这是写话中的一项本领。教学时，可以通过边读边演示等方法让学生意识到这样写会让句子更有画面感，更生动。

【教学实录】

第一步：读懂"连续动作"

出示句子：

他深深地吸了一口气，鼓起腮使劲向风车吹去。

（指名一生读）

师：同学们，从这句话你知道了风娃娃正在做什么？

生₁：他正向风车吹气。

（教师圈画"吹"字）

师：若是换作我们来写，可能会写"他向风车吹去"，但作者却不是简单地这样写，他抓住了"吹"这个主要动作之前的两个小动作，谁发现了？

生₂：他还写了"吸了一口气"和"鼓起腮"这两个动作。

教师根据学生反馈，标注如下：

他深深地<u>吸</u>了一口气，<u>鼓起腮</u>使劲向风车<u>吹</u>去。

师：你们看，如果只是简单地写他使劲向风车吹去，和课文的句子读起来有什么不同？

出示对比句：

他深深地吸了一口气，鼓起腮使劲向风车吹去。

他使劲向风车吹去。

师：我们现在来读这两句话，边读边做动作，感受一下有什么不同。

（师生一同边读边做动作）

生$_3$：第一句话把风娃娃吹气的整个过程都写出来了，我能想象到他吹气的样子。而第二句只知道他在使劲吹气。

生$_4$：第一句一连写出三个动作，很有画面感。

师：读着第一句话，我们仿佛看到了风娃娃吹气的样子。我们再来读句子做动作，感受一下。

（师生边读边做动作）

教学说明：这个环节反复让学生"读句子，做动作"，是为了让他们真切地感受这些小动作的存在，知道主动作往往伴随着一些小动作，而写出这些小动作能让表达更加细致、生动。教学中面对的是二年级的孩子，过多地讲解可能只会让他们觉得写话难，因此，本环节变讲解为动作演示。

第二步：做动作，仿着说

1. 做动作，扶着仿说

师：现在老师来做敲桌子这个动作，你们认真观察，看看谁抓住了老师这个主动作之外的小动作。准备，开始！

（教师放慢动作敲桌子，生观察）

师：谁来说说？

生$_1$：老师举起教鞭，敲在桌子上。

师：他抓住了敲之前的一个动作"举起教鞭"，不错。还有吗？

（教师再次放慢动作敲桌子）

生$_2$：郑老师拿起教鞭，高高举起，重重地打在讲台桌上。

师：这位同学抓住了"拿""举""打"三个动作。

（教师边说边再次做动作）

生₃：郑老师生气地举起教鞭，教鞭落下来，重重地打在讲台桌上。

师：这个同学抓住了"举""落""打"三个动作。真不错。

教学说明：做动作让学生现场说，好处是教师可以根据需要放慢动作，让学生发现小动作，还可以根据需要反复示范，以确保更多的同学学有所得。

（教师演示推门进班，学生仿说）

……

2. 拓展延伸，放手仿说

出示两幅图：

图18　周雅惠　画

师：现在请同学们看图想象画面，学着用连续动作说一句话。同桌之间先说一说。

（生观察，并同桌互说）

生₁：她看到大苹果，伸长手臂，握紧苹果，使劲一扯，摘了下来。

生₂：她拿起刀子，对着大蛋糕轻轻一切，就把蛋糕切成了两半。

……

教学说明：这一环节，师生重点关注伴随主动作的小动作。第一幅图主动作"摘"，小动作有"伸手""握紧""一扯"等。第二幅图主动作"切"，小动作有"拿起""对着"等。

第三步：仿写句子

师：请选择其中一幅图，用连续动作写一句话。注意字迹工整，用好标点。

（生写句子，师个别指导）

第四步：展示与交流

（略）

教学说明：此处展示与交流主要关注：1. 学生是否抓住了伴随主动作的小动作；2. 语句是否通顺。

【作业选登】

1. 小红轻轻地闭上眼睛，深深吸了口气，使劲一吹，蜡烛灭了。

2. 树上的果子又大又红，她踮起脚尖，高高举起手臂，猛地一跳，成功摘到果子。

3. 妈妈拿起锅盖，抓起一块抹布，认真地洗起来。

4. 她看到大苹果，伸长手臂，握紧苹果，使劲一扯，摘了下来。

5. 绿绿的小草用力地吸了一口气，鼓足了劲，奋力地向上长。

6. 老师生气地举起教鞭，迅速落下，重重地打在讲台桌上。

7. 老师举起教鞭，使劲地敲向讲台，只听"砰——"的一声，教鞭重重地敲在讲台桌上。

8. 老师来到教室，只见她拿起桌子上的教鞭，迅速抬起，重重地落下，"啪"地一声打在桌子上。

9. 老师轻轻地推开门，迈着大步走到讲台桌前，用眼睛仔细地寻找着什么。

10. 郑老师轻轻地打开门，走进教室，站在讲台前，注视着我们。

11. 我轻轻地推开门，慢慢地走进房间，安安静静地坐在书桌前写作业。

12. 我走进班级，放下书包，拿出铅笔盒和书本，准备上课。

第四章　二年级下册教学案例

这一学期，向课文学写句继续学习各种丰富的长句，进一步扎实句中加修饰语与描写连续动作的长句仿写。而学写句群则成为重中之重。其中承接句群的表现形式更为多样，不仅有按先后顺序描写活动过程的，有按方位变换介绍景物的，还有按发展顺序介绍整件事情的。

教学时，教师要善于指导学生迁移运用所学句群，在看图写话中加以运用，让学生在写话实践中巩固所学句群，在写话实践中习得结构化表达。

一、找春天

【课文范句】

小草从地下探出头来，那是春天的眉毛吧？
早开的野花一朵两朵，那是春天的眼睛吧？
树木吐出点点嫩芽，那是春天的音符吧？
解冻的小溪叮叮咚咚，那是春天的琴声吧？

【读写提示】

这四句话，上半句描写春天的某个景象，下半句将它形象地比喻成春天的眉毛、眼睛、音符、琴声。句子中有拟人，如小草探头，树木吐嫩芽；有比喻，如小草比作眉毛，早开的野花比作眼睛……教学时，要引导学生感受作者根据事物特点所作的形象比拟，并通过反复诵读促使学生积累下来。

【教学实录】

第一步：读懂范句表达特点

出示句子：

小草从地下探出头来，那是春天的眉毛吧？

早开的野花一朵两朵，那是春天的眼睛吧？

树木吐出点点嫩芽，那是春天的音符吧？

解冻的小溪叮叮咚咚，那是春天的琴声吧？

1. 感受拟人

师：请同学们自由朗读上面的句子，想想你从哪儿找到了春天？

（生自由读文）

生₁：我从"小草从地下探出头来"找到了春天。

生₂：我从"早开的野花"找到了春天。

生₃：我从"树木吐出点点嫩芽"找到了春天。

生₄：我从"解冻的小溪"找到了春天。

师：是的，我们从这些句子找到了春天。你们看这句。

出示句子：

小草从地下探出头来，那是春天的眉毛吧？

师：这句话中有个词用的特别好，它把小草当作人来写，你们发现了吗？

生₅："探"字用的好，说小草像人一样从土里探出头。

师：是的，一个"探"字把小草当作人来写，像人一样从土里探出脑袋，多生动呀，我们一起读——小草从地下探出头来，那是春天的眉毛吧？

师：还有哪句话也把景物当作人来写？

生₆：树木吐出点点嫩芽，"吐"字也把树当作人一样。

师：让人觉得嫩芽是树木一点点吐出来的，这样写多么生动呀！

教师根据学生反馈，标注如下：

小草从地下<u>探</u>出头来，那是春天的眉毛吧？

树木<u>吐</u>出点点嫩芽，那是春天的音符吧？

（师生齐读句子）

教学说明：面对二年级的学生，不过多地介绍拟人的概念及手法，而是用上"探"和"吐"给读者的感受入手，形象上感知拟人。

2. 感受比喻

师：这些句子，还用了形象的比喻，你们发现了吗？

生$_1$：把小草比作春天的眉毛。

生$_2$：把野花比作春天的眼睛。

生$_3$：把嫩芽比作春天的音符。

生$_4$：把解冻的小溪比作春天的琴声。

师：你觉得这样的比喻恰当吗？

生$_5$：小草长得细细弯弯的，比作春天的眉毛很恰当。

生$_6$：野花开了，圆圆的，比作眼睛，也很好。

生$_7$：小溪流水叮叮咚咚，就像琴声一样动听。

师：那嫩芽怎么比作音符了呢？（出示有关图画）你们看图中这点点嫩芽点缀在这树枝上，像什么？（生看，思考）如果说这树枝像五线谱，那这嫩芽就像？

生$_8$：点点音符。

师：是啊，作者爱春天，就把这些比作种种美好的事物。我们一起读读这些句子。

教学说明：本环节聚焦比喻句本体与喻体的相似处，只作浅显的对比，不做深入分析。更多的是在粗略感知的基础上，在多种方式的读中去感悟句子的表达。

第二步：搭设台阶，仿着说

1. 找春天

师：同学们，在生活中，我们还可以在哪儿找到春天呢？

生$_1$：我从粉红的桃花找到春天。

生$_2$：我从柳树的嫩芽找到春天。

生$_3$：我从新长出的茶叶知道春天来了。

生$_4$：我从竹林里的春笋长出来了，知道春天来了。

……

师：多么善于观察的孩子。

2. 扶着仿说

师：谁能学着课文的句子来说说春天的事物呢？

师：比如桃花，谁来说说？

生₁：粉红的桃花含苞待放，那是春天的小脸蛋吧？

师：嗯，他把桃花说成春天的小脸蛋，谁还能说？

生₂：粉红的桃花在枝头上笑，那是春天的笑脸吧？

师：这个"笑"字用得真好，把桃花当作人来写，我仿佛看到了美丽的桃花绽开的样子。

教学说明：在仿说初始阶段，集中仿说一样事物，更能起到相互启发的作用，为后面的仿说打好基础。

师：春天，小鸟也飞回来了，谁来说说？

生₃：小鸟在枝头叽叽喳喳地叫，那是春天的歌声吧？

生₄：黄莺在枝头唱着动听的歌谣，那是春天的音乐吧？

师：你是把黄莺当作人来写，它唱着动听的歌谣。

生₅：小燕子停留在电线上，那是春天的乐谱吧？

师：前面两个同学是从小鸟的叫声上说的，这位同学是从小鸟停在电线上的样子说的，真棒！春天里经常春雨绵绵，谁能来说说春雨呢？

生₆：细雨从天空中落下，那是春天的泪水吧？

生₇：雨丝织出一帘雨幕，那是春天的秀发吧？

生₈：春雨细细密密，那是春天的纱衣吧？

生₉：小雨沙沙地下着，那是春天的眼泪吧？

……

教学说明：不断地给予仿说话题，让学生有话可说，并在反复练说中熟悉这一表达。

3. 放手仿写

师：你们能用这样的句式说说春夏秋冬这几个季节的事物吗？同桌之间先说一说。

（同桌互说—指名说）

……

教学说明：创设这一句式的迁移，学习写春天，迁移到写夏天、秋天、冬天，甚至拓展到其他事物，这样的"远迁移"有利于学生真正掌握这一句式。

第三步：仿写句子

师：请仿照课文句子写三句话，注意比喻要恰当。

（生写句，师个别指导）

教学说明：这个环节可以让学生写上面仿说的内容，也可以引导他们写生活中的事物。

第四步：展示与交流

（略）

教学说明：此处展示与交流重点关注：1. 句子中的比拟是否恰当；2. 通过展示丰富学生的言语表达经验。

【作业选登】

春天：

1. 春雷阵阵，那是春天的鼓点吧？
2. 春雷轰轰隆隆，那是春天的号角吧？
3. 春雷吵醒了冬眠的小动物，那是春天的闹钟吧？
4. 小草铺满了大地，那是春天的绿衣裳吧？
5. 迎春花开了，那是春天的播报员吧？
6. 柳条在风中飘荡，那是春天的头发吧？
7. 满天的风筝飘来飘去，那是春天的邮件吧？
8. 蝴蝶在花丛中翩翩起舞，那是春天的天使吧？
9. 森林里的春笋从土里悄悄地钻出地面，那是春天的音符吧？
10. 草地上的花竞相开放，那是春天的花衣裳吧？
11. 春风吹红了桃花，吹绿了大地，那是春天的信使吧？
12. 美丽的风筝在蓝蓝的空中滑翔，那是春天的发饰吧？

其他季节：

1. 知了在树上叫哇叫,那是夏天的歌声吧?
2. 荷叶上的露珠滚来滚去,那是夏天的汗水吧?
3. 太阳从海面悄悄地探出头来,那是夏天的眼睛吧?
4. 金黄色的树叶脱离树枝的怀抱,飘落下来,那是秋的尾巴吧?
5. 树叶离开了大树妈妈的怀抱,落到地上,那是秋天的尾巴吧?
6. 红红的柿子挂在枝头,那是秋天的灯笼吧?

其他事物:

1. 路灯一个个立在路边,那是站岗的军人吧?
2. 大雾笼罩着整个大地,那是仙女的白纱吧?
3. 天空中的星星一闪一闪的,那是黑夜的眼睛吧?
4. 露珠从荷叶上跳跃下来,那是清晨的精灵吧?
5. 小雨滴滴答答地从天上落下来,那是天空的眼泪吧?
6. 星星从漆黑的天空中探出头来,那是天空的眼睛吧?
7. 星星调皮地眨着眼睛,那是夜空的钻石项链吧?

二、开满鲜花的小路

【课文范句】

门前开着一大片绚丽多彩的鲜花。
门前开着一大片五颜六色的鲜花。

【读写提示】

这句话是"哪里+有+什么"这一句式的拓展。"门前开着鲜花",句子中加入了对鲜花的进一步描述:数量——"一大片",颜色——"五颜六色",这样的描述让句子更加具体。给句子加上修饰语是二年级写句训练的重点,因此,这一处也是该句仿写的重点。

另外,句子中动词的准确使用也是另一个重点。句子写的是鲜花,所以就用"开着",若写的是小草,就可以换成"长着",若写小鱼,就要用"游着",不同的事物往往用不同的动词,这是本句仿写时另一个关注点。

【教学实录】

第一步:读懂句子结构

出示句子:

门前开着一大片五颜六色的鲜花。

师:同学们,这句话写的是"哪里+有+什么"?

生$_1$:讲的是"门前+开着+鲜花"。

教师根据学生的反馈,标注如下:

门前开着一大片五颜六色的鲜花。

师:句子写的是"鲜花",所以这儿用——开着。那如果是写小草,这儿该用什么?

生$_2$:长着。

师:如果是一排大树呢?该用什么词?

生$_3$:种着。

师:那如果是写一串串葡萄呢?

生$_4$:挂着。

师:那门前一条小溪呢?

生$_5$:流过。

师:同学们说得真好!不同的事物用上的动词往往不相同。

教学说明:这个环节专项学习动词的准确使用,为下面的仿说打好基础。

出示:

门前开着一大片五颜六色的鲜花。

师:那这句话不是简单地写"开着鲜花",而是写"开着一大片五颜六色的鲜花",你们觉得加上这些带点的词,读起来有什么不同?

生$_6$:让我们知道门前的鲜花有一大片。

生$_7$:让我们知道门前的鲜花五颜六色。

师:是啊,这"一大片"是数量,"五颜六色"是色彩,让我们对门前的花有了更全面的了解。我们一起读一读。

（齐读句子）

教学说明：这一环节通过读中交流，让学生形象感知句子中加上修饰语后的表达效果，避免了学生在仿写时仅是单纯地为加修饰语而加修饰语。

第二步：仿说句子

1. 看课文插图，扶着说

出示课文插图：

图19　叶建强　画

师：请同学们看课文插图，想想门前除了花还有什么？能学着这句话来说说吗？

生₁：门前长着一大片绿油油的小草。

师："一大片"看出多，"绿油油"表示颜色，说得不错。就这小草，谁还能说？

生₂：山坡上长着一丛丛嫩绿嫩绿的小草。

师："一丛丛""嫩绿嫩绿"这两个词用的好。这一部分谁会说？（教师手指插图中的小动物）

生₃：门前来了几只可爱的小动物。

师：那房子旁呢？有什么？

生₄：房子旁种着一排粗壮的大树。

师：一排粗壮的大树，"粗壮"这个词用得好。那山坡上呢？

生₅：山坡上开满了一朵朵美丽的鲜花。

师："一朵朵"看出多，说得真好。

教学说明：以插图为依托，让学生的仿说更有话可说。因为是看图说句子，在交流时，有图画的支撑，倾听的同学更能判断仿说的优劣，提高交流质量。

2. 拓展延伸，放手仿说

师：现在，请结合生活中你所看到的，也学着这个句子说一说。

生$_1$：天空飘着一朵朵奇形怪状的白云。

生$_2$：山上长着一棵棵高大的绿树。

生$_3$：小溪里游着一群群自由自在的鱼儿。

……

教学说明：经过上面的反复练说，习得方法后，向生活拓展，在举一反三中巩固这一句式的表达。

第三步：仿写句子

师：请学着课文的句子，仿写三句话，注意词语要使用恰当。

（生写句，师个别指导）

第四步：展示与交流

（略）

教学说明：此处展示与交流要突出两点：1. 动词使用是否恰当；2. 句子中所加修饰语是否恰当。

【作业选登】

1. 我家门口有一条清澈见底的小溪。
2. 天空中飞着一群自由自在的小鸟。
3. 大树上停着几只叽叽喳喳的小鸟。
4. 草地上奔跑着一只只可爱的小山羊。
5. 小溪里游着几只活泼可爱的小鱼。
6. 桌子上摆着一碗香喷喷的米饭。

向课文学写句

7. 桌子上摆满了一叠叠学生们的作业。
8. 小区里种着一片郁郁葱葱的翠竹。
9. 山上开满了五颜六色的小花。
10. 村子里种着一片金黄色的小麦。
11. 房子门前蹲着一只可爱的小狗。
12. 夜空中挂着一轮圆圆的月亮。
13. 我家里养了一只毛茸茸的小猫咪。
14. 公路旁边是一望无际的田野。
15. 房子旁边建着一座人来人往的公园。
16. 油菜花上飞着一只忙碌的小蜜蜂。
17. 沙滩上散落着一大堆形状各异的贝壳。
18. 屋檐下住着一群叽叽喳喳的小燕子。

三、邓小平爷爷植树

【课文范句】

邓爷爷精心地挑选了一棵茁壮的柏树苗，小心地移入树坑，又挥锹填了几锹土。他站到几步之外仔细看看，觉得不是很直，连声说："不行，不行！"他又走上前把树苗扶正。

一棵绿油油的小柏树栽好了，就像战士一样笔直地站在那里。邓爷爷的脸上露出了满意的笑容。

【读写提示】

这一片段写邓小平爷爷植树，有几处特别值得学生学习。第一，一系列连续动作的使用，将植树过程写得很具体。连续动作的使用在一、二年级的教学中多次接触，如之前学习的《曹冲称象》《八角楼上》这些课文都设置了小练笔进行训练。因此，本课在巩固描写连续动词的基础上，引导学生关注新鲜感的动词——"移入""挥锹""扶正"的使用。第二，动词前面加上修饰语，让人物表现更突出，课文中加上"精心地挑选""小心地移入""仔细看看"这些词，让读者体会到了邓小平爷爷植树的认真。给句子中的名词加修饰语，在之前的学习中也多次涉及，但在动词前加修饰语较少接触，我们可以将此作为本处仿写的其中一个训练点。第三，可视班级学生的学情，考虑是否拟定为教学目标，即在描写动作之外，加入一些看到的或想到的，如本范例："一棵绿油油的小柏树栽好了，就像战士一样笔直地站在那里。"

教学时，教师可以搭设小台阶，以逐个项目突破的方式，让学生真正有所得。

【教学实录】

第一步：读懂范段表达特点

1. 学习系列动词

指导学生读通读顺第三自然段：

师：请同学们默读第三自然段，用笔圈出表示动作的词。

（生默读课文，并圈画）

指名回答，教师在段落中圈出词语：

一个树坑挖好了。邓爷爷精心地挑选了一棵苗壮的柏树苗，小心地移入树坑，又挥锹填了几锹土。他站到几步之外仔细看看，觉得不是很直，连声说："不行，不行!"他又走上前把树苗扶正。

师：哇，作者一连用了九个动词来描写邓爷爷植树，我们一起来读一读。

（生齐读）

师：这些动词中，哪些是你们平时不常用的？

生$_1$：移入。

生$_2$：挥锹。

师：换平时，你们会用哪些词来表达？

生$_3$："移入"我可能会用"放进"。

生$_4$："挥锹"我可能会说"拿起铲子"。

生$_5$："挥锹"我可能会说"举起铁铲"。

师：是的，我们在写话时更多的会用到一些口语化的词语，而作者用词比我们丰富，像这样有新鲜感的词语值得我们记下来。我们一起来读读这些动词。

（生齐读：移入　挥锹　扶正）

师：我们边读边做动作。

（生齐读词语并做动作）

教学说明：这些新鲜感的动词，课堂中通过换词、做动作等方法让学生熟识它。

师：我们一起来看看邓小平爷爷植树可以分哪些环节？

师生一同梳理，并板书：

挖坑—挑选—移入—挥锹填土—看看—扶正

2. 感受动作前的修饰语

师：邓小平爷爷植树很随意吗？你又是从哪些词看出来的？请边读边思考。

（生齐读并思考—指名回答）

生$_1$：不是的，从"精心地挑选"看出他很认真。

师：是的。（圈画：精心地）还有呢？

生$_2$："小心地移入"看出认真。

生$_3$："仔细看看"看出认真。

教师一一圈画，并板书如下：

精心　小心　　　仔细

挖坑—挑选—移入—挥锹填土—看看—扶正

师（小结）：在动作之前加上这些词语，让我们感受到邓小平爷爷的用心。我们再次齐读课文，注意感受这些词语的作用。

（生齐读）

教学说明：本环节重点感受动词前的修饰语。

3. 口头转述，内化表达

白板呈现：

一个树坑挖好了。邓爷爷精心地挑选了一棵茁壮的柏树苗，小心地移入

200

树坑，又挥锹填了几锹土。他站到几步之外仔细看看，觉得不是很直，连声说："不行，不行！"他又走上前把树苗扶正。

板书呈现：

  精心 小心   仔细

  挖坑—挑选—移入—挥锹填土—看看—扶正

师：如果让你看着板书，来说说邓爷爷植树的过程，会吗？老师给大家2分钟时间准备。

（学生练说—指名学生说）

……

师（小结）：我们在写一个活动的时候，也要学习课文抓住一系列的动词，将过程写清楚。

教学说明：本环节意在让学生在练说中积累语言。

第二步：迁移运用，拓展练习

（为丰富学生经验，课前已布置学生体验洗袜子，并试着向家长介绍洗袜子的过程）

师：回忆你昨晚洗袜子的过程，你发现有哪些动作？

生$_1$：拿脸盆，倒水。

生$_2$：揉搓。

生$_3$：拧干。

生$_4$：抹上。

生$_5$：冲洗。

（师——板书）

师：如果要让人感受到你洗袜子特别认真，你会在这些动作前加入哪些词语呢？

生$_6$：轻轻地抹上肥皂。

生$_7$：不断地揉搓。

生$_8$：认真地搓洗。

师：现在请同桌之间说一说昨天洗袜子的过程，注意说好一系列动作。

（同桌之间相互介绍—指名说）

......

教学说明：此环节的师生交流重点聚焦：1. 是否用一系列动作将洗袜子的过程介绍清楚；2. 关注动词前修饰语运用是否恰当。

第三步：仿写句子

师：请动手将昨晚洗袜子的过程写下来。注意：一是用连续动作将过程介绍清楚；二是有意识地在动词前加上修饰语。

（生写话，师个别指导）

教学说明：由于课堂时间有限，我们本节课可以重点写好"洗袜子"这个过程。但在后续的教学中要不断创设学生写其他活动的机会，让学生将学到的表达方法迁移运用。

第四步：展示与交流

（略）

教学说明：此处展示交流重点聚焦：1. 用连续动作将过程介绍清楚；2. 有意识地在动词前加上修饰语。

【作业选登】

1. 小红小心翼翼地端来一盆水，拿起手帕，放到盆里浸湿。她用肥皂往手帕上抹了几下，再拿起手帕使劲地搓。搓完了，小红拿起手帕看看，觉得不是很干净，又用力地搓了几下。最后把手帕清洗干净，拧干。一条干干净净的手帕洗好了！小红把手帕挂晒好。看着干净的手帕，小红满意地说："哇，这条手帕真干净啊！"

2. 周末，小红在家里洗手帕。小红先小心翼翼地端起水盆，拿起手帕放进盆里浸湿，再抹上肥皂，使劲地搓呀搓。小红用清水冲洗手帕，然后拿起来看了看，觉得不是很干净，连声说："不行！不行！"小红又拿起手帕用力地搓啊搓。小红再次拿起手帕看了看，觉得可以了，就把手帕冲洗干净，晒在阳台上。看着干净的手帕，小红满意地笑了。

3. 今天，小红发现自己的手帕脏了，连忙小心翼翼地把装着水的脸盆端了出来。她把手帕浸泡在水里，轻轻地抹一点香皂，然后搓一搓，在水里来回漂动。只见她把手帕拎起来，仔细地看了看，发现手帕上还有一个很大的黑点，就连声说："不行！不行！"她马上又往黑点上抹了一点香皂，搓一搓，洗干净才放到晒衣杆上。"晒干就可以用了。"小红高兴地说。

四、雷锋叔叔，你在哪里

【课文范句】
沿着长长的小溪，
寻找雷锋的足迹。
雷锋叔叔，你在哪里，
你在哪里？

小溪说：
昨天，他曾路过这里，
抱着迷路的孩子，
冒着蒙蒙的细雨。
瞧，那泥泞路上的脚窝，
就是他留下的足迹。

顺着弯弯的小路，
寻找雷锋的足迹。
雷锋叔叔，你在哪里，
你在哪里？

小路说：
昨天，他曾经路过这里，
背着年迈的大娘，
踏着路上的荆棘。

瞧，那花瓣上晶莹的露珠，
就是他洒下的汗滴。

【读写提示】

本首诗歌这四小节内容较为相似。从诗歌内容看，1、2小节写出了在哪里——沿着长长的小溪；做什么——抱着迷路的孩子，冒着蒙蒙的细雨；留下什么——泥泞路上的脚窝。3、4小节写出了在哪里——弯弯的小路；做什么——背着年迈的大娘，踏着路上的荆棘；留下什么——花瓣上晶莹的露珠。

本处仿写意在让学生感受诗歌有问有答的表达特点。教学时，一方面要让学生明晰这部分诗歌的内容线索——"在哪里""做什么""留下什么"，从而有效降低仿写难度；另一方面，营造反复诵读氛围，让学生在读中培养语感，读中积累语言，在仿写时迁移运用。

【教学实录】

教学准备：课前收集有关雷锋的故事，讲雷锋小故事

教学过程：

第一步：读懂诗歌结构

1. 反复诵读

（自由读—齐读——问一答配合读）

教学说明：变着花样反复诵读，让诗歌中的诗句在学生心里变成一幅幅画面，在诵读中积累语言。

2. 学习第1、2小节

感悟诗歌内容线索。

出示：

沿着长长的小溪，
寻找雷锋的足迹。
雷锋叔叔，你在哪里，
你在哪里？

小溪说：

昨天，他曾路过这里，

抱着迷路的孩子，

冒着蒙蒙的细雨。

瞧，那泥泞路上的脚窝，

就是他留下的足迹。

师：请自由读，想想诗歌中写了雷锋叔叔在哪里，做什么，留下什么？

（生自由读—指名回答）

生$_1$：雷锋叔叔在长长的小溪边。

生$_2$：他抱着迷路的孩子，冒着蒙蒙的细雨。

生$_3$：那泥泞路上的脚窝，就是他留下的足迹。

师：你们都是从哪儿知道的呢？

（学生一一指出）

教师根据学生反馈，标注如下：

<u>沿着长长的小溪，</u>（在哪里）

寻找雷锋的足迹。

雷锋叔叔，你在哪里，

你在哪里？

小溪说：

昨天，他曾路过这里，

<u>抱着迷路的孩子，</u>（做什么）

<u>冒着蒙蒙的细雨。</u>

<u>瞧，那泥泞路上的脚窝，</u>（留下什么）

就是他留下的足迹。

师：这一小节讲的是怎样一件事，谁能连起来说一说？

生$_4$：在长长的小溪边，雷锋叔叔抱着迷路的孩子，冒着蒙蒙的细雨，他身后留下了一串泥泞的脚窝。

生$_5$：下雨了，雷锋叔叔在小溪边，抱着迷路的孩子，身后是他留下的脚窝。

　　师：是的。

　　3. 学习第3、4小节，巩固诗歌内容线索

　　出示：

顺着弯弯的小路，

寻找雷锋的足迹。

雷锋叔叔，你在哪里，

你在哪里？

　　小路说：

昨天，他曾经路过这里，

背着年迈的大娘，

踏着路上的荆棘。

瞧，那花瓣上晶莹的露珠，

就是他洒下的汗滴。

　　师：请自由读读，你从这两小节又知道了什么？

　　（生自由读—指名回答）

　　生₁：雷锋叔叔在弯弯的小路边。（标注：在哪里）

　　生₂：他背着年迈的大娘。（标注：做什么）

　　生₃：留下滴滴汗水。（标注：留下什么）

　　教师根据学生反馈标注如下：

<u>顺着弯弯的小路，</u>（在哪里）

寻找雷锋的足迹。

雷锋叔叔，你在哪里，

你在哪里？

　　小路说：

昨天，他曾经路过这里，

<u>背着年迈的大娘，</u>（做什么）

踏着路上的荆棘。

瞧，那花瓣上晶莹的露珠，

就是他洒下的汗滴。（留下什么）

师：这又讲了一个什么故事？谁能说说？

生₄：雷锋叔叔在小路上，背着年迈的大娘，流了很多汗。

……

师：说得多好。

教学说明：本环节引导学生读懂诗歌所讲述的雷锋故事，进而一同梳理出诗歌讲述的线索——在哪里，做什么，留下什么。明晰了诗歌写作路径，有利于后续的仿写。

第二步：搭设台阶，仿着说

1. 讲雷锋小故事

师：同学们，我们前期已经开展了讲雷锋小故事的活动。现在大家回忆一下，哪个故事让你印象特别深刻，故事都讲雷锋叔叔"在哪里""做什么""留下什么"呢？同桌之间先说一说。

（同桌互说—指名说）

生₁：雷锋叔叔在长长的街道，拿着钱包，寻找钱包的失主，他洒下很多汗滴。

师：说清了"在哪里""做什么""留下什么"。

生₂：雷锋叔叔在草地上，背着受伤的战士，小草上的露珠就是他洒下的汗滴。

生₃：雷锋叔叔在路上，牵着迷路的小孩，路边的花朵就是他留下的笑脸。

……

教学说明：在课前讲雷锋小故事的基础上，梳理出仿写时重点内容——"在哪里""做什么""留下什么"，大大降低了后续仿写的难度。

2. 放手仿说

师：那现在你们能不能把你印象深刻的故事，学着用这首诗歌的形式来讲一讲？同桌之间先说一说。

（生仿照课文，同桌互说—指名说）

……

教学说明：本环节重点指导学生学着课文的表达方式进行仿说。学习的难点主要集中在"做什么"和"留下什么"的表达上。

第三步：仿写句子

师：现在请同学们选择一个雷锋叔叔的故事，学着用这部分诗歌的形式写下来。

（生写话，师个别指导）

教学说明：本环节，教师在个别指导时，可以针对学生难点给予语言提炼上的指导。

第四步：展示与交流

（略）

教学说明：此处展示与交流重点聚焦：1."在哪里""做什么""留下什么"相关内容的表达上；2. 通过相互展示，拓宽学生思路。

【作业选登】

1. 沿着长长的马路，寻找雷锋的足迹。雷锋叔叔，你在哪里，你在哪里？公园说：昨天，他曾路过这里，种下美丽的花儿。瞧，那五颜六色的花朵，就是他留下的笑脸。

2. 顺着雨滴的声音，寻找雷锋的足迹。雷锋叔叔，你在哪里，你在哪里？雨滴说：昨天，他曾经路过这里，牵着迷路的孩子，冒着蒙蒙细雨。看，那路上的脚印，就是他留下的足迹。

3. 顺着长长的街道，寻找雷锋的足迹。雷锋叔叔，你在哪里，你在哪里？马路说：昨天，他曾经路过这里，捡起地上的钱包，寻找钱包的失主。瞧，那花瓣上晶莹的露珠，就是他留下的汗水。

4. 沿着长长的马路，寻找雷锋的足迹。雷锋叔叔，你在哪里，你在哪里？马路说：昨天，他曾路过这里，拿着一个钱包，冒着倾盆大雨。瞧，那泥泞路上的脚窝，就是他留下的足迹。

5. 沿着宽阔的马路，寻找雷锋的足迹。雷锋叔叔，你在哪里，你在哪里？马路说：昨天，他曾路过这里，拿着失主的手表，冒着蒙蒙的细雨。瞧，那小草上晶莹的露珠，就是他洒下的汗滴。

6. 沿着美丽的花园，寻找雷锋的足迹。雷锋叔叔，你在哪里，你在哪里？花朵说：昨天，他曾经路过这里，晒着炎炎的烈日，帮助园丁浇花。瞧，那花瓣上的露珠，就是他洒下的汗滴。

7. 沿着弯弯的小河，寻找雷锋的足迹。雷锋叔叔，你在哪里，你在哪里？小河说：昨天，他曾路过这里，勇敢地跳进冰凉的水里，救起落水的孩子。瞧，那小草上一颗颗晶莹的露珠，就是他流下的汗滴。

8. 沿着绿绿的草地，寻找雷锋的足迹。雷锋叔叔，你在哪里，你在哪里？草地说：昨天，他曾路过这里，背着受伤的队友，流着满身的鲜血。瞧，绿叶上的露珠，就是他洒下的汗滴。

五、一匹出色的马

【课文范句】

路的一边是田野，葱葱绿绿的，非常可爱，像一片柔软的绿毯。

【读写提示】

这句话介绍田野，所写的内容非常丰富：写了地点——"路的一边"，样子——"葱葱绿绿的"，怎么样——"非常可爱"，像什么——"像一片柔软的绿毯"。这属于生动化表达的句子，值得学生学习并模仿。仿写时，从学生熟悉的事物说起，并适时提供相关词语，降低仿写难度。

【教学实录】

第一步：读懂句子结构

出示句子：

路的一边是田野，葱葱绿绿的，非常可爱，像一片柔软的绿毯。

师：请个同学来读这句话，其他同学思考：这句话都写了田野的哪些方面？

（指名读句子—指名回答）

生₁："葱葱绿绿"说的是它的颜色。

生₂："像一片柔软的绿毯"说它像什么。

生₃：还说它非常可爱。

师："非常可爱"说的是给人的感受。

生₄："路的一边"说的是田野在哪儿。

师：这是介绍田野所在的地点。

师生交流中形成以下板书：

路的一边是田野，葱葱绿绿的，非常可爱，像一片柔软的绿毯。

（地点）　　　　（颜色）　　（感受）　　（像什么）

教学说明：这句话的仿写，学生比较容易缺漏中间的"颜色""感受"这两个内容。因此，这一环节意在通过师生交流，让学生读懂这句话的结构，为下面完整地仿写打基础。

第二步：搭设台阶，仿着说

1. 看图，扶着说

出示图20：

图20　阮海燕　画

师：同学们，请认真看图，想想这荷叶长在哪里，什么颜色，什么样子，给你什么感受，你觉得它像什么？请学着课文的句子，同桌之间互相说说。

（同桌互说—指名说）

生₁：池塘里的荷叶，碧绿碧绿的，非常好看，就像一个个大玉盘。

师：瞧，他介绍了地点——池塘里，颜色——碧绿碧绿的，感受——非常好看，像——一个个大玉盘。真不错！请你说。

教学说明：以池塘的荷叶为例，让学生仿说，交流时教师要针对重点内容进行强调，从而让更多的学生习得方法。

生₂：池塘里的荷叶，又大又圆，非常漂亮，就像一把把绿色的小伞。

师：同样说荷叶，上一个同学抓住荷叶的颜色——碧绿碧绿的，这个同学抓住荷叶的形状——又大又圆。你还能抓住荷叶的什么来介绍呢？

……

教学说明：此处多请一些同学说，还可以同桌互说。

2. 放手仿说

再出示下列组图：

图21　阮海燕　孙晓娟　画

师：看着这幅图画，你们是否回忆起身边的美景。请你们学着上面的句子，同桌之间先说一说。

（同桌互说—指名说）

师：谁来说说小溪？

生₁：树林的一边是小溪，清澈见底，非常美丽，就像仙女手中的绸带。

向课文学写句

生₂：山里有一条小溪，碧蓝碧蓝的，非常清澈，像一面金光闪闪的镜子。

师：溪水声呢？

生₃：山的一边是小溪，叮叮咚咚的，非常悦耳，像一首美妙的乐曲。

师：把叮叮咚咚的流水声比作一首美妙的乐曲。谁来说说这些大树？

生₄：山的另一边是大树，枝繁叶茂，非常茁壮，像一把巨大的绿伞。

师：这高大的树木郁郁葱葱的，除了像巨大的绿伞，还像什么，谁来再说一句？

生₅：山的旁边是大树，郁郁葱葱的，非常茂盛，像一个又粗又壮的大柱子。

生₆：山一边的大树，又粗又壮，非常高大，像个巨人一般笔直地立在那儿。

生₇：山的一边是森林，绿油油的，非常茂盛，像许多士兵笔直地站在那儿。

……

教学说明：在仿说的起步阶段，为了让学生有话可说，可以通过出示图画的方式，调动起学生的生活经验。先出示一幅荷叶图，通过看荷叶，想荷叶，说荷叶，聚焦荷叶学着仿说。在初步习得方法后，出示一组图画，让学生根据自己的生活经验，选择地说，达到巩固的效果。

第三步：仿写句子

师：请选择一两样事物，学着课文来表达，注意用好句中的标点符号。

（生写话，师个别指导）

教学说明：可以提示学生多写几件事物，通过多次仿写以强化这样的句式表达。

第四步：展示与交流

（略）

教学说明：此处展示与交流重点关注：1. 句子内容是否有缺漏；2. 句子中的用词是否恰当。

【作品选登】

1. 天上的太阳，火红火红的，非常耀眼，像一个大火球。

2. 树林的一边是小河，清澈见底，非常透亮，像仙女的腰带。

3. 房子的一边是花园，五彩缤纷，非常漂亮，像一个童话世界。

4. 树上满是樱花，粉红粉红的，非常漂亮，像一个个穿着粉裙的小女孩。

5. 山坡上开满花朵，五颜六色的，非常美丽，像一块彩色的地毯。

6. 天上的云朵，雪白雪白的，非常柔软，像一只只可爱的小绵羊。

7. 海的一边是沙滩，金黄金黄的，非常美丽，像一块柔软的地毯。

8. 秋天的田野，金黄金黄的，非常美丽，像一幅金色的画。

9. 天上的太阳，火红火红的，非常刺眼，像一个红红的苹果。

10. 夏天的天空，蔚蓝蔚蓝的，非常好看，像一片蓝蓝的大海。

11. 枝头上的桃花，粉艳艳的，非常好看，就像春姑娘裙子上耀眼的红宝石。

12. 天上的星星，一闪一闪的，非常迷人，像一颗颗闪闪发光的夜明珠。

13. 空中飞舞的蝴蝶，花花绿绿的，非常美丽，好像许多可爱的小精灵在空中翩翩起舞。

14. 路的一边是池塘，干干净净的，非常清澈，像一面明亮的镜子。

15. 深蓝的天空挂着月亮，又大又圆，非常可爱，像一个明亮的白玉盘。

16. 秋天的树上结满苹果，火红火红的，非常诱人，像一个个小灯笼。

17. 路的一边是森林，郁郁苍苍，非常壮观，像一片绿色的海洋。

18. 山的一头是桃花林，粉红粉红的，非常美丽，像一朵朵粉红的云。

19. 路的一边是树林，郁郁葱葱的，非常可爱，像一片绿色的海洋。

六、彩色的梦

【课文范句】

脚尖滑过的地方，

大块的草坪，绿了；

大朵的野花，红了；

大片的天空，蓝了，

蓝——得——透——明！

在葱郁的森林里，

雪松们拉着手，

请小鸟留下歌声。

小屋的烟囱上，

结一个苹果般的太阳，

又大——又红！

【读写提示】

这是一首儿童诗，通过彩色铅笔描绘了大自然的美丽景色，展现了儿童眼中的缤纷世界。诗歌就是根据一幅彩色图画，展开想象写出的一首《彩色的梦》。前一小节，句式上很有特点，"大块的草坪，绿了；""大朵的野花，红了；""大片的天空，蓝了，蓝——得——透——明！"相同的句式，整齐地排列在一起，读起来朗朗上口。后一小节，在原有画面上展开想象，用生动的语言，形象的比喻来描述画面内容。

教学时，引导学生在初步感知诗歌表达特点的基础上，指导反复诵读，在诵读中感受诗歌语言的魅力，积累语言。而仿写时，要让学生利用好图画的支撑，可以是课前自己画的图画，也可以是教师精选容易表达的图画，让他们根据图画，展开想象，进行仿写。

【教学实录】

第一步：聚焦第一小节

1. 读懂第一小节

出示诗句：

脚尖滑过的地方，

大块的草坪，绿了；

大朵的野花，红了；

大片的天空，蓝了，

蓝——得——透——明！

师：这一大把彩色铅笔在白纸上都画些什么呢？请同学们边读边想，并圈画出相关词语。

（生读并圈画—指名回答）

生$_1$：草坪、野花、天空。

师：是的，诗中写道：大块的草坪——（生读）绿了；大朵的野花——（生读）红了；大片的天空——（生读）蓝了，蓝得透明！

师：你们发现这三句话有什么特点？

生$_2$：我发现这几句话写得都很像。

师：怎么像？

生$_3$：每行的后面都是"绿了，红了，蓝了"。

生$_4$：每行的开头都是大字——大块，大朵，大片。

生$_5$：中间三句排列得很整齐。

教师根据学生反馈，标注如下：

脚尖滑过的地方，

大块的草坪，绿了；

大朵的野花，红了；

大片的天空，蓝了，

蓝——得——透——明！

向课文学写句

师：正是这些相似的描写让人读起来特别有韵味。现在老师读前面部分，你们读后面部分，我们来配合读。

（师生配合读。师读前半句，生读后半句，然后交换角色读）

教学说明：在初步感知诗歌表达特点之后，摒弃枯燥的讲解，选择在多种方式的读中感受这一小节诗歌语言上的特点。轮读中，引导学生抓住词语、标点，读出节奏、韵味和画面，做到诵读中背诵。

2. 仿写第一小节

师：同学们，你们看这一大把彩色铅笔滑过了果园，滑过了秋收的野外。

出示图画及句子填空：

图 22　叶建强　画

```
（　）的（　），（　）了；
（　）的（　），（　）了；          大片  大串  大个  大根
（　）的（　），（　）了；          一串串  一朵朵  一条条
（　）——得——（　）——（　）！
```

教学说明：在仿说环节，教师放手让学生想说什么就说什么，看似降低难度，实则需要学生凭空想象。若出示图画，让学生看图仿说，看似有了要求，却让学生的仿说有了依托。学生只要根据图中内容，思考如何仿说，大大降低了难度。

师：请你选择其中一幅图，完成上面填空。这儿的数量词供你们选择，同桌之间先说一说。

（同桌互说—指名交流）

生₁：脚尖滑过的地方，大串的葡萄，紫了；大根的香蕉，黄了；大个的苹果，红了；红——得——像——火！

师：说得真好，特别是你选择了"大串""大根""大个"这几个数量词，用得特别好。

生₂：脚尖滑过的地方，大片的稻子，黄了；大朵的棉花，白了；火红的枫叶，红了；红——得——像——火！

师：说得不错。这儿"火红的枫叶，红了"是否恰当？

生₃：重复了，前面说火红，后面又说红了。

师：可以怎么改？前面是大片的稻子，大朵的棉花，枫叶可以是？

生₄：满树的枫叶，红了。

师：改得好！老师又有问题了，两位同学用的都是"红得像火"，如果不要和前面同学一样，不用"红得像火"，你会怎么改？

生₅（思考后）：可以调换顺序。脚尖滑过的地方，满树的枫叶，红了；大片的稻子，黄了；大朵的棉花，白了；白——得——像——雪！

师：真不错。顺序一调就不一样了。谁接着说？

……

教学说明：本小节仿写，除了需要图画支撑外，学生仍存在两个难点：一是每句开头量词的使用，较难做到三句话相对应。因此，教师可以适当提供多个量词供学生选择。二是像"蓝得透明""红得像火""白得像雪""绿得发亮""清得见底"这类词，学生积累较少，教师可以适时提供，以降低学生仿说的难度。

第二步：聚焦第二小节

1. 展开想象，读懂第二小节

出示：

在葱郁的森林里，
雪松们拉着手，
请小鸟留下歌声。

向课文学写句

小屋的烟囱上,

结一个苹果般的太阳,

又大——又红!

师:请同学们自由读读第二小节,想想彩色笔还画了什么?

(生读并圈画)

师:谁来说说?

生1:彩色笔还画了雪松、小鸟、小屋、烟囱、太阳。

生说,教师标注如下:

在葱郁的森林里,

<u>雪松</u>们拉着手,

请<u>小鸟</u>留下歌声。

<u>小屋</u>的<u>烟囱</u>上,

结一个苹果般的<u>太阳</u>,

又大——又红!

师:看着这些事物,诗人又展开了丰富的想象,想象雪松们——

生2:正拉着手。

师:想象小鸟——

生3:在唱歌。

师:想象那太阳——

生4:像苹果一般,又大又红。

师:这样的想象让很平常的一幅画变生动了。现在我们看着图一起读这一小节。

(师生各种方式地读)

教学说明:这个环节是在向学生展示本小节的创造路径:先在原有图画上添上事物,然后展开丰富的想象加以描述。

2. 仿说第二小节

(见图22)

师:如果让你在这幅图画上添上几样事物,学着第二小节来说,你会吗?

(同桌互说—指名说)

218

师：你会添上什么？

生₁：我会添上蜜蜂、太阳。

师：请你学着第三小节来说。

生₂：在果园里，葡萄们拉着手，请蜜蜂留下来做客。蓝蓝的天空，结一个苹果般的太阳，又红——又大！

师：嗯，老师特别喜欢"葡萄们拉着手，请蜜蜂留下来做客"这句，你想想这是一个怎样的果园？

生₃：丰收的果园。

师：很好，那第一句就可以说是在丰收的果园里。谁接着说？

生₄：我想加上蝴蝶和白云。

师：你也学着说一说。

生₅：在美丽的田野里，花儿们脸贴着脸，请蝴蝶留下舞蹈。大树的头发上，飘着一朵棉花般的云朵，又软——又白！

师：说得太棒了。

……

教学说明：引导学生根据上一环节的创作路径——添上事物，展开想象，学着本小节诗歌进行仿说。

第三步：仿写句子

师：请选好一幅图，学着这两小节诗歌仿写。注意字迹工整，用好标点。

（生仿写，师个别指导）

教学说明：有了上面充分的仿说，这个环节的写会更加顺畅。教师给予有困难的学生点拨指导。

第四步：展示与交流

（略）

教学说明：此处展示与交流重点关注：1. 关注语句是否通顺，用词是否恰当；2. 关注小细节，如前一小节的数量词使用，后一小节拟人手法的运用。

【作业选登】

（一）
脚尖滑过的地方，
大串的葡萄，紫了；
成串的香蕉，黄了；
大个的苹果，红了；
红——得——像——火！

在飘着水果香的果园里，
葡萄们拉着手，
请蜜蜂留下来做客。
蓝蓝的天空，
结一个苹果般的太阳，
又红——又大！

（二）
脚尖滑过的地方，
细长的小河，蓝了；
小小的野花，红了；
大片的草地，绿了；
绿——得——发——亮！

在美丽的田野上，
花儿们脸贴着脸，
请蝴蝶留下舞蹈。
大树的头发上，
飘着一朵棉花般的云朵，
又软——又白！

(三)

春风走过的地方，

一排排的柳树，发芽了；

一朵朵的鲜花，变红了；

一条条的小溪，变清了；

清——得——见——底！

在春天的花园里，

小花们手拉着手，

请蜜蜂留下来做客。

在松树的上方，

结一个灯笼般的太阳，

又红——又圆！

(四)

脚尖滑过的地方，

大块的稻田，黄了；

大串的葡萄，紫了；

大个的苹果，红了；

红——得——像——火！

在丰收的果园里，

葡萄们凑在一起，

请蝴蝶们留下舞蹈。

在蓝蓝的天空中，

飘着一朵朵棉花般的云，

又白——又软！

(五)

脚尖滑过的地方，

慢悠悠的风车，转了；

稻草人手中的蒲扇，动了；
炎热的太阳，红了；
红——得——像——火！

在丰收的田野里，
高粱举起燃烧的火把，
请大雁留下脚步。
金黄的稻田里，
画一张灿烂的笑脸，
又甜——又美！
（六）
脚尖滑过的地方，
天上的云朵，白了；
树上的桃花，粉了；
地上的小草，绿了；
绿——得——像——玉！

在美丽的春天里，
桃花笑红了脸，
请蜜蜂们采下花粉。
在嫩绿的草地里，
画上春姑娘碧绿的衣服，
又嫩——又绿！
（七）
秋风拂过的地方，
一串串葡萄，紫了；
一树树的香蕉，黄了；
一个个的苹果，红了！
红——得——像——火！

在丰收的果园里，
葡萄紧挨在一起，
请蜜蜂留下来做客。
蓝蓝的天空，
挂着一个巨球般的太阳。
又大——又红！

七、枫树上的喜鹊

【课文范句】

我看见喜鹊阿姨站在窝边，一会儿教喜鹊弟弟唱歌，一会儿教他们做游戏，一会儿教他们学自己发明的拼音字母……

【读写提示】

这个排比句，学生仿写难度不大。但他们的仿写，往往会是这样：

我一会儿跑步，一会儿写字，一会儿和妹妹玩。

乍一看，这样的仿写没有错误，但仔细分析，就会发现仿写的层级不高：一是缺少前面的描述部分，表达显得单薄；二是后半句往往是不假思索地往里填，没有考虑写句所要表达的目的。要避免出现这些情况，可以通过分解难点，逐一突破的方式进行。

【教学实录】

第一步：读懂句子结构

出示句子：

我看见喜鹊阿姨站在窝边，一会儿教喜鹊弟弟唱歌，一会儿教他们做游戏，一会儿教他们学自己发明的拼音字母……

师：喜鹊阿姨在做什么？

生₁：教喜鹊弟弟唱歌，教他们做游戏，教他们学自己发明的拼音字母。

师：句子是怎样将这几件事连接起来的？

生₂：用三个"一会儿"连起来。

师：你们看，用三个"一会儿"把三件事排在一起，就像排排坐一样，很整齐呢。我们一起读读这句话。

（生齐读）

教学说明：这儿并不满足于教什么是"排比句"，而是侧重了解这样的句子在表达上的特点——排排坐，很整齐。

师：喜鹊妈妈只教这些吗？你从哪儿看出来？

生₃：不是的，从后面的省略号可以看出来。

师：是的，标点符号也能告诉我们很多。

第二步：搭设台阶，仿着说

1. 改装原句

出示句子：

_____，一会儿教喜鹊弟弟唱歌，一会儿教他们做游戏，一会儿教他们学自己发明的拼音字母……

师：同学们，从这句话你看出喜鹊阿姨怎么样？

生₁：我觉得喜鹊阿姨很忙。

师：那么句子开头，就可以填上：喜鹊阿姨可忙了。你连着读一读。

生₂：喜鹊阿姨可忙了，一会儿教喜鹊弟弟唱歌，一会儿教他们做游戏，一会儿教他们学自己发明的拼音字母……

师：你们还觉得喜鹊阿姨怎样？也学着说一说。

生₃：我觉得，喜鹊阿姨教得真认真，一会儿教喜鹊弟弟唱歌，一会儿教他们做游戏，一会儿教他们学自己发明的拼音字母……

生₄：我觉得，喜鹊阿姨很爱孩子们，一会儿教喜鹊弟弟唱歌，一会儿教他们做游戏，一会儿教他们学自己发明的拼音字母……

师（小结）：你们看，加上了句子的前部分，一句话要表达的意思就更清楚了。

教学说明：这个环节意在让学生感受到加上了句子前部分在表达上的作用，强化这样的表达结构。

2. 创设情境，仿着说

出示：

妈妈回到家可忙了，一会儿_____，一会儿_____，一会儿_____……

我周末在家自在得很，一会儿_____，一会儿_____，一会儿_____……

师：请你选择其中一句和同桌说一说。

（同桌互说，再指名说）

生$_1$：我周末在家自在得很，一会儿躺在沙发上看电视，一会儿玩游戏，一会儿画画。

师：听着就能感受到你很自在，但躺在沙发上看电视、玩游戏、画画，这三个排在一起，会整齐吗？

生$_2$：不会。前面说躺在沙发上看电视，而后面玩游戏、画画却没说在哪儿，排在一起不整齐。

师：说得多好，那可以怎么改？

（师生讨论后）

生$_3$：我周末在家自在得很，一会儿躺在沙发上看电视，一会儿坐在地板上玩游戏，一会儿躲到书房里画画。

师：这样排排坐就整齐了。

教学说明：像"一会儿躺在沙发上看电视，一会儿玩游戏，一会儿画画"这样的表述在学生仿写中经常看到，我们利用"排排坐"形象的表达让学生认识到问题。

师：谁接着说？

生$_4$：妈妈回到家可忙了，一会儿洗衣服，一会儿拖地板，一会儿整理书桌。

生$_5$：妈妈回到家可忙了，一会儿到厨房做饭，一会儿在卫生间洗衣服，一会儿在客厅收拾杂物……

师：这两个同学说得都不错，洗衣服、拖地板、整理书桌，这三个一起排排坐，显得很整齐。

……

第三步：仿写句子

出示句子：

妈妈回到家可忙了，_____。

我周末在家自在得很，_____。

孙悟空变化多端，_____。

蓝天上的白云真是多变，_____。

师：请选择其中一两句，仿写句子。注意句子要有"排排坐"的特点，同时用好标点。

（生仿写句子，师个别指导）

第四步：展示与交流

（略）

教学说明：此处展示交流重点关注：1. 是否围绕前半句展开描写；2. 是否注意了"排排坐"的表达特点。

【作业选登】

1. 我的周末可自在了，一会儿靠在椅子上看书，一会儿坐在书桌前写作业，一会儿躺在沙发上看电视……

2. 我的周末可自在了，一会儿看电视，一会儿写作业，一会儿吃零食……

3. 孙悟空变化多端，一会儿变成一棵参天大树，一会儿变成一只展翅的雄鹰，一会儿变成一座壮观的土地庙。

4. 孙悟空可厉害了，一会儿变成一只可爱的小鸟，一会儿变成一座高大的山峰，一会儿变成一块巨大的石头。

5. 今天的天气真是多变，一会儿乌云密布，一会儿风雨交加，一会儿晴空万里。

6. 动物园里的猴子可真调皮，一会儿爬上树枝，一会儿抢香蕉吃，一会儿冲人做鬼脸。

7. 蓝天上的白云真是多变，一会儿像一只蹦蹦跳跳的小兔子，一会儿像一条游来游去的小鱼，一会儿像一匹奔跑的小马。

8. 天上的云变幻多端，一会儿红通通的，一会儿半紫半黄，一会儿金灿灿的。

9. 下课铃响了，我在操场上可快活了，一会儿和同学们比赛跑步，一会儿和他们踢足球，一会儿坐在草地上聊天。

八、寓言二则

【课文范句】

1. 他在田边转来转去。

他焦急地在田边转来转去。

2. 他堵上那个窟窿，把羊圈修得结结实实的。

他赶紧堵上那个窟窿，把羊圈修得结结实实的。

【读写提示】

这是本课课后题的句子，意在通过对比阅读让学生关注到修饰词的使用，了解在动词前加上修饰词能更细致地表现人物的心理活动。范句1加上"焦急"，把农夫在田边转来转去的那份担心表现得淋漓尽致；范句2加上"赶紧"，让读者一下就读懂了人物心中的后悔之意。

在动词前加上修饰词，让表达更加准确生动，这是二年级写句的重点。教学时，通过两句话的对比读，揣摩人物心理，让学生形象地感知修饰语的作用。

【教学实录】

第一步：对比中读懂范句

出示句子：

他在田边转来转去。

他焦急地在田边转来转去。

师：同学们，请读读这两句话，比较一下，加上"焦急"和去掉"焦急"有什么不同？

（生读并思考—指名回答）

生₁：加上焦急，让人知道他很急，去掉焦急，别人不知道他很急。

生₂：加上焦急，那他在田边转来转去一定很快，因为他很焦急。去掉焦急，就只知道他转来转去，却不知道他为什么转来转去。

师：同学们理解得真好。加上"焦急"强调的是他转来转去的心情，很着急。而去掉"焦急"，那人在田边怎样地转来转去就不知道了。课文中，这个农夫心里急不急？

生₃：很急。

师：他为什么急？

生₄：他发现他的禾苗一点儿也没长高，很着急。

师：他呀，看在眼里，急在心里。所以他在田边是——

生₅：焦急地转来转去。

师：谁能来演一演这两句话中的农夫呢？把两句话的不同表现出来。

（生上台表演—师生评议）

教学说明：对比读，揣摩人物内心，角色表演，意在让学生形象地感知加上"焦急"与删去"焦急"在表达上的细微差别。

出示句子：

他堵上那个窟窿，把羊圈修得结结实实的。

他赶紧堵上那个窟窿，把羊圈修得结结实实的。

师：读一读，想一想，加上"赶紧"和删去"赶紧"在表达上又有什么不同呢？

（生读并思考）

生₆：加上"赶紧"，看出他马上就把那个窟窿堵上了。

生₇：加上"赶紧"，可以看出他很后悔前一天没有堵上窟窿，今天赶紧堵上了。

……

师（小结）：同学们，我们在写话的时候，懂得像这样准确地用上一些词语，能让我们表达的意思更清楚。

第二步：搭设台阶，仿着说

1. 创设情境，扶着说

出示句子：

我收拾好书包，走出教室。

（指名一生读）

师：如果就要下雨了，我没带伞，心里一定很（着急），那你会给这句话加上哪些词来表达呢？谁来试试。

生$_1$：我着急地收拾好书包，走出教室。

生$_2$：我急忙收拾好书包，快速走出教室。

师：嗯，大家通过添加"急忙""快速"，表现出了没带伞的那份着急。那如果是放学了，我却一点都不想回去，你又会添上什么词呢？

生$_3$：我慢吞吞地收拾好书包，走出教室。

生$_4$：我慢悠悠地收拾好书包，缓缓走出教室。

师：你们看，加上"慢吞吞""慢悠悠"又体现了我无所谓放学不放学的心情。

教学说明：创设"我着急回家"和"不想回家"两个情境，让学生通过添加词语来感受加上修饰语的表达效果，同时习得根据表达需要添加修饰语的本领。

出示句子：

我走进游乐场。

师：如果要表现我很期待去游乐场玩，这句话你们会添上什么词？

生$_5$：我迫不及待地走进游乐场。

生$_6$：我兴冲冲地走进游乐场。

生$_7$：我兴致勃勃地走进游乐场。

……

师：如果这个游乐场并没有我喜欢的活动，我并不想去。这句话，你们又会添上什么词呢？

生₈：我不情愿地走进游乐场。

师：我的动作可能会？

生₉：我慢吞吞地走进游乐场。

……

教学说明：仍是创设两种截然不同的表达需要，让学生在添加修饰语的说话实践中习得方法。

第三步：仿写句子

师：请仿照课后的两组句子写句子。要求：第二句在第一句的基础上加上修饰词，强调某个意思。

教学说明：让学生一组一组地写句子，是为了强化学生去感受加上修饰词后句子的表达效果。

第四步：展示与交流

（略）

教学说明：此处展示交流重点关注：1. 所添加的修饰语是否准确；2. 在展示中要突出体会加上修饰语后的表达效果。

【作业选登】

1. 爸爸回到家，小明扑了过去。

爸爸回到家，小明兴奋地扑了过去。

2. 小军关上门。

小军用力地关上门。

3. 小鱼在水里游泳。

小鱼在水里自由自在地游泳。

4. 姐姐躺在沙发上，唱起了歌。

姐姐躺在沙发上，悠哉悠哉地唱起了歌。

5. 云在空中飘来飘去。

云在空中慢悠悠地飘来飘去。

6. 松鼠在树林里跳来跳去。

松鼠在树林里欢快地跳来跳去。

7. 狮子看到猎物，扑了过去。

狮子看到猎物，迅速扑了过去。

8. 问题一出，同学们举起了手。

问题一出，同学们立刻举起了手。

9. 乌龟在石头上晒太阳。

乌龟在石头上懒洋洋地晒太阳。

九、雷雨

【课文范句】

雨停了。太阳出来了。一条彩虹挂在天空。蝉叫了。蜘蛛又坐在网上。池塘里水满了，青蛙也叫起来了。

【读写提示】

这是一组承接句群。作者从上到下，按顺序描写雷雨过后的景色。本句群在写作上有两个特点：一是抓住了雨后太阳、彩虹、蝉、蜘蛛、池塘、青蛙六样事物，按从上到下的顺序，描写雨后景色；二是句群中的六句话都是以短句"什么＋怎么了"的形式来表达。

教学时，让学生读懂本句群的两个特点，并学以致用——写一处景物，按一定顺序进行仿写。

【教学实录】

第一步：读懂段落结构

1. 读句子感受特点

出示句子：

雨停了。太阳出来了。一条彩虹挂在天空。蝉叫了。蜘蛛又坐在网上。池塘里水满了，青蛙也叫起来了。

231

师：请个同学读读这段话，其他同学思考：雷雨后，作者都写了哪些事物？请用笔圈画出来。

（指名读—指名回答）

生：都写了太阳，彩虹，蝉，蜘蛛，池塘，青蛙。

教师根据学生反馈，标注如下：

㊀停了。㊀太阳出来了。一条㊀彩虹挂在天空。㊀蝉叫了。㊀蜘蛛又坐在网上。㊀池塘里水满了，㊀青蛙也叫起来了。

师：现在老师读圈画的部分，你们读剩余的部分。

师生配合读：

雨——（停了），太阳——（出来了），彩虹——（挂在天空），蝉——（叫了），蜘蛛——（又坐在网上），池塘里——（水满了），青蛙——（也叫起来了）。

师：读着读着，你们是否发现这些句子都很像？

（生思考中）

生₁：都是写谁怎么了。

师：真是火眼金睛，这些句子都很有特点，都很短，都是"什么＋怎么了"。我们再来读读。

（师生配合读）

教学说明：对于本段句子的特点，教师不从主、谓、宾这样的语法角度进行教授，而是通过圈画词语及师生配合读等方式让学生形象感知短句排列表达的特点。

2. 品读"挂""坐"，感受拟人写法

师：同学们，这个句子虽短，用词却很生动。你们读读觉得哪个字用得特别好？

生₁：我觉得"挂"字用的特别好。好像彩虹是人挂上去的一样。

师：是的，给人感觉彩虹是个美丽的挂件，被挂上去一样。还有吗？

生₂：我觉得"坐"字用得特别好，他把蜘蛛当成人了。

……

教学说明：字词的品读在低年级语文学习中占有重要位置。

3. 感受描写的顺序

师：同学们，现在你们读，我来画，看看你又发现了什么？

（生读，师画）

教师根据学生所读句子，依次在相应位置画出太阳、彩虹、树蝉、蜘蛛、池塘、青蛙，以构成一幅简笔画。

教学说明：这一环节在课堂上教学效果特别好。教师画画只是为了让学生关注表达顺序，所以不一定要十分逼真。课堂上，当教师画到蝉和蜘蛛时，分别用圆圈和方框代替，学生哈哈大笑。以画简笔画代替教师讲解写作顺序，既形象又明了。

师：你们发现了什么？

生$_1$：作者没有所有事物都写，只写了其中这几样。

师：是的，你们看，抓住雨后的这几样事物，就把雨后的景色写出来了。你们发现作者写的顺序了吗？

生$_2$：从上到下。

师：是的，先写天空中的太阳和彩虹，再写半空的蝉和蜘蛛，最后写地上的池塘和青蛙。

师小结：我们在写景时，也可以学着这段话抓住景物中的几样事物按一定顺序来描写。

教学说明：此环节让学生从教师画简笔画的过程发现作者的写作顺序。从天空中的太阳和彩虹，到半空的蝉和蜘蛛，最后是地上的池塘和青蛙。

第二步：搭设台阶，仿着说

1. 看图，扶着说

出示春景图：

图23 叶建强 画

师：同学们，这是一幅春天风景图，你们会抓住哪些事物来介绍呢？

（生思考）

师：图画中的所有事物都要介绍吗？

生$_1$：不需要。

师：对，要选择你最想介绍的几样事物。这幅图，你会介绍什么？

生$_2$：我会介绍燕子、柳树、花朵、小鸭。

师：试着说一说吧，注意顺序哦。

生$_3$：春天到了。草绿了，花开了。池塘的水满了，小鸭在池塘嬉戏。柳树发芽了。鸟儿在天空中自由地飞翔。

师：你是从下往上介绍。谁能从上往下介绍？

生$_4$：春天来了。天更蓝了。小鸟飞回来了。草绿了，花朵绽放出美丽的笑容。河上的冰化了，小鸭子自由地嬉戏。

师：你看，他是从上往下介绍，而且这两位同学都是学着课文用简短的句子来表达，一口气说了六七种事物。学习能力真强！

生$_5$：春天到了。小燕子在半空中自由自在地飞翔着。柳树梳着自己碧绿的头发，一对鸳鸯在小河边悠闲地晒太阳。

师：同学们，你们发现他介绍的有什么不一样？

生$_6$：他只说了三种事物。

师：虽然只介绍了三种事物，但每种事物都介绍得比较具体。如：小燕子在半空中自由自在地飞翔。你们觉得这样写，可以吗？

（生讨论）

师（小结）：这也是可以的。根据我们的需要，我们选择较多的事物，可以用简短的句子来构成一幅画。也可以根据需要选择少量事物具体描绘，同样能构成一幅画。

教学说明：以春天风景图为例，让学生学着按一定顺序来介绍，并尝试运用短句的形式表达，在仿说中习得方法。

2. 放手仿说

出示春、夏、秋、冬四幅图：

图 24　孙晓娟　画

师：请选择其中一幅图，学着课文按一定顺序来介绍，也可以学着课文使用短句的形式。同桌之间先说一说，

（同桌互说—指名说）

……

教学说明：在说好春天风景图的基础上，拓展延伸到夏天风景图、秋天风景图、冬天风景图，在迁移运用中巩固所学知识。

第三步：仿写句子

（出示如上春、夏、秋、冬四幅图）

师：请选择其中一幅图来写，注意标点的正确使用。

（生写话，师个别指导）

第四步：展示与交流

（略）

教学说明：此处展示交流重点关注：1. 是否按一定顺序来介绍；2. 是

否以短句形式呈现，展示时重在相互启发。

【作业选登】

1. 天亮了。太阳出来了。鸟儿叽叽喳喳地叫着。鸡鸭纷纷跑出窝棚。人们开始一天的忙碌。

2. 雪停了，到处白茫茫的。山上覆盖着雪。松树上落满了雪。房子的屋檐上也盖上了一层"白毯子"。小溪里水冻住了。

3. 秋天到了。大雁往南飞。树上结满了成熟的果实。树叶给大地铺上了一层毯子。蚂蚁开始储藏过冬的粮食。

4. 春天来了。燕子从南方飞回来了。柳树长出了新的嫩芽。小草绿了。小花红了。鸳鸯在草丛里晒太阳。小鱼在河里游来游去。

5. 下雪了，一棵棵雪松身上落满了雪，真像穿着一件件白色的披风。小房子的屋顶上积满了厚厚的积雪。雪人戴着一顶帽子立在雪地里。

6. 冬天来了。鹅毛般的大雪纷纷扬扬地落了下来。屋顶上盖着一层厚厚的积雪。欢快的小溪也停了下来。

7. 炎热的夏季到了。一朵朵五颜六色的野花长得更欢了。小河欢乐地唱起了歌。小朋友也来到河边玩了起来。

十、大象的耳朵

【课文范句】

大象有一对大耳朵，像扇子似的，耷拉着。

【读写提示】

这句话在把大象的一对大耳朵比作扇子的基础上，加上了进一步细致的描写——耷拉着，让人一读就能想象出大象耳朵的模样。别小看就加了这么一个小细节描写，对二年级学生而言却很有意义，因为我们的学生往往只会简单地写比喻句，忽略了在此基础上做进一步描写。学会这样细致化描写对他们将来的习作有很大帮助，我们应创设练写机会促使他们熟练掌握。教学时，通过比较，让学生看到自己所写句子与课文语言的差距，进而让他们明确练写的目标。

【教学实录】

第一步：读懂句子结构

1. 看图，说句子

出示大象图：

图25　孙晓娟　画

师：谁能用一句话介绍一下大象的耳朵？

生$_1$：大象的耳朵特别大。

生$_2$：大象的耳朵像扇子。

生$_3$：大象的耳朵像两把大芭蕉扇。

师：真不错，你们能用扇子来比喻大象的耳朵。

教学说明：此环节的看图说句子，是为了让学生看到自己写句的水平，为下面与课文语言的比较做铺垫。

2. 对比中发现不同

出示句子：

大象有一对大耳朵，像扇子似的，耷拉着。

师：课文的这句话又是怎样介绍大象耳朵的呢？

（生读并思考）

生₁：课文也把大象的耳朵比作扇子。

师：是的，也比作扇子。但你发现还写了什么？

生₂：还说了大耳朵耷拉着。

师：句子中的"耷拉"是什么意思？

生₃：就是没力气往下垂。

师：假设我们这个手掌就是大象的耳朵，谁能演示一下耷拉的样子？

（生做动作—全体学生演示）

师：你们发现他在比喻的基础上还——

生₄：还写了耳朵耷拉着。

生₅：这样写比我们的更细致。

师：是的，课文在写耳朵像扇子的同时，还做了进一步的描写，写它怎样，让我们对大象的耳朵有了更具体的了解。我们一起来读一读，记下这句话。

教学说明：将学生所造句子与课文语言作比较，让他们发现范句值得学习的地方，让仿写更有方向。

第二步：搭设台阶，仿着说

1. 看图，扶着说

出示一只小白兔图：

图26 孙晓娟 画

师：谁能学着这句话来说说小白兔的眼睛，或毛茸茸的身子？同桌之间说一说。

（同桌互说—指名说）

生₁：小兔有一对红眼睛，像红宝石似的，骨碌碌地转。

生₂：小白兔有一双大眼睛，像红宝石似的，一闪一闪的。

师：他俩把小兔的红眼睛比作红宝石，还作进一步描写——一闪一闪的，很形象。那它这毛茸茸的身子像什么呢？

生₃：小兔有一身雪白的绒毛，像个大雪球似的，毛茸茸的。

师：比喻得很恰当，而且也作进一步描写——毛茸茸的。看来大家都学会了像课文这样表达。

教学说明：以小白兔为例进行仿说，重点在于强化学着进一步描述。

2. 放手仿说

出示一组图画：

图27　孙晓娟　画

师：现在请选择其中一种小动物，学着课文的句子来介绍，注意要学着进一步描写。同桌之间先说。

（同桌互说—指名说）

……

教学说明：这个环节的交流要重点关注学生的进一步描述是否恰当。仿说时指导得越到位，仿写的质量越高。

第三步：仿写句子

师：请学着课文这句话写两三个句子，注意在比喻的基础上要进一步描述。

（生仿写，师个别指导）

第四步：展示与交流

（略）

教学说明：此处展示交流重点关注：1. 比喻是否恰当；2. 进一步的描写是否合适。

【作业选登】

1. 小乌龟有一个圆圆的壳，像坚硬的盔甲，神气极了。
2. 鸭子有一张大嘴巴，像铲子似的，扁扁的。
3. 小鸭子有一双小脚，像枫叶似的，扁扁的。
4. 鹦鹉那张嘴巴，像钩子一样，尖尖的。
5. 松鼠有一条大尾巴，像降落伞似的，蓬松蓬松的。
6. 长颈鹿的脖子很长，像棵大树似的，挺立着。
7. 孔雀的长尾巴，像一把彩虹的扇子，美丽极了。
8. 大象有一条长鼻子，像水管似的，长长的。
9. 孔雀有一条漂亮的尾巴，像花折伞似的，敞开着。
10. 小老鼠有一条长尾巴，像小蛇似的，细细的。

十一、青蛙卖泥塘（一）

【课文范句】

范例1：

一头老牛走过来，看了看泥塘，说："这个水坑坑嘛，在里边打打滚倒挺舒服。不过，要是周围有些草就更好了。"

青蛙想，要是在泥塘周围种些草，就能卖出去了。于是他就去采集草籽，播撒在泥塘周围的地上。

范例2：

一只野鸭飞来了，看了看泥塘，说："这地方好是好，就是塘里的水太少了。"

青蛙想，要是能往泥塘里引些水，就能卖出去了。于是他跑到周围的山里找到泉水，又砍了些竹子，把竹子破开，一根一根接起来，把水引到泥塘里来。

【读写提示】

这两个语段中值得学生学习的主要有两点：一是老牛与野鸭的说话艺术，它们都是先给人以肯定，再提出建议。这样的表达既内容清楚，又容易被对方接受，值得学习。二是学习后一段的承接句群，先说青蛙怎么想，接着写青蛙怎么做，可以简化为这样的表达结构"怎么想＋于是＋怎么做"。

【教学实录】

第一步：聚焦说话的艺术

1. 读懂老牛的话

出示：

一头老牛走过来，看了看泥塘，说："这个水坑坑嘛，在里边打打滚倒挺舒服。不过，要是周围有些草就更好了。"

师：同学们，有人读了《青蛙卖泥塘》这个故事，觉得老牛说话很有艺术，你们认真读读老牛的话，你赞同他的看法吗？

（生读文并思考，教师适当点拨）

生$_1$：我也觉得老牛说话有艺术。他先说这个水坑打打滚挺舒服，再说周围有草就更好了。青蛙听了，心里会很舒服。

生$_2$：我也赞同。他先夸泥塘，再提出建议。青蛙容易接受他的建议。

师：呀，你们真是老牛的知己。老牛很懂得说话的艺术，先说泥塘的优点，青蛙一听心里就很舒服，然后再提出自己的建议，这样说话很容易让人接受。

教学说明：教学直奔重点，品读老牛的说话艺术。

2. 找出相似表达

师：野鸭也很有说话艺术，你们看看他是怎么说的。

出示：

一只野鸭飞来了，看了看泥塘，说："这地好是好，就是塘里的水太少了。"

（师生一起读）

生₁：他也是先说这地方好，再说水太少。

生₂：他也是先说优点，再提建议。

师：是的，先肯定它的好，再提出建议。看来他俩都是说话高手呀，值得大家学习。

3. 创设情境，学着表达

出示课文句子：

小鸟飞来说，这里缺点儿树；蝴蝶飞来说，这里缺点儿花；小兔跑来说，这里还缺条路；小猴跑来说，这儿应该盖所房子……

师：你们看，这么多小动物也来和青蛙提建议了。假设他们个个都是说话高手，他们会怎么说呢？同桌之间说一说。

（同桌互说，再指名说）

生₁：小鸟飞来说："这里好是好，就是缺点儿树。"

生₂：蝴蝶飞来说："这里好是好，就是缺点花。"

师：好在哪儿说具体，一定让人觉得更真诚。

生₃：蝴蝶飞来说："这里空气清新，让人很舒服。不过，要是能种些花就好了。"

师：有进步。

生₄：小兔子跑来说："这里有花有草，真美丽。要是能修条路就更好了。"

……

师（小结）：先肯定优点，再提出建议，这样的说话艺术，你们学会了吗？

教学说明：延续课文情境，创设学生仿说机会，在仿说实践中学习老牛的说话艺术。

第二步：读懂表达结构

1. 读懂表达结构

出示：

青蛙想，要是在泥塘周围种些草，就能卖出去了。于是他就去采集草籽，播撒在泥塘周围的地上。

师：青蛙听了老牛的话会怎么想，怎么做呢？请大家读一读这段话。

（生读，思考）

生₁：青蛙想，要是在泥塘周围种些草，就能卖出去了。（教师板书：想）

生₂：于是他就去采集草籽，播撒在泥塘周围的地上。（板书：做）

师：想与做之间用什么词？

生₃：于是。（板书：于是）

教师根据学生反馈，标注如下：

     怎么想 ＋   于是＋ 怎么做

青蛙想，要是在泥塘周围种些草，就能卖出去了。于是他就去采集草籽，播撒在泥塘周围的地上。

教学说明：读懂表达结构，并梳理出言语支架，有利于学生后续的仿写。

2. 寻找相似语段

师：你发现课文中哪段话也是这样写的？

（生读文并思考—指名回答）

生读（略）。

出示第二段：

青蛙想，要是能往泥塘里引些水，就能卖出去了。于是他跑到周围的山里找到泉水，又砍了些竹子，把竹子破开，一根一根接起来，把水引到泥塘里来。

师：你发现这两段的相同点是？

生₁：都是先写青蛙怎么想，再写于是青蛙怎么做。

师：是的，都是按青蛙"怎么想＋于是＋怎么做"来写的。

教师根据学生反馈，标注如下：

     怎么想 ＋   于是＋ 怎么做

青蛙想，要是在泥塘周围种些草，就能卖出去了。于是他就去采集草籽，播撒在泥塘周围的地上。

向课文学写句

怎么想　　　　＋　　　　　于是＋怎么做

<u>青蛙想，要是能往泥塘里引些水，就能卖出去了。于是</u>他跑到周围的山里找到泉水，又砍了些竹子，把竹子破开，一根一根接起来，把水引到泥塘里来。

教学说明：找出相似的语段，有利于强化这一表达结构，更有利于学生举一反三。

3. 学着表达

出示小猴说的话：

小猴跑来说："这个水塘嘛，在里面游泳倒挺舒服，不过，要是周围有栋房子就好了。"

师：听了小猴的话，青蛙会怎么想，又会怎么做？请同桌之间说一说。

（生互说—指名说）

生[1]：青蛙想，要是在周围盖所房子，就能卖出去。于是，青蛙跳到树的旁边，捡起一些小树枝，在小树旁搭个房子。

师：也能按"怎么想＋于是＋怎么做"来表达，真不错。谁接着说？

……

教学说明：这一环节在关注"怎么想＋于是＋怎么做"表达结构的同时，还要关注"怎么做"中学生连续动作的使用。教师可调动学生之前写连续动作的经验，说好这一部分）

第三步：仿写句子

出示句子：

小鸟飞来说，这里缺点儿树；蝴蝶飞来说，这里缺点儿花；小兔跑来说，这里还缺条路；小猴跑来说，这儿应该盖所房子……

师：小鸟、蝴蝶、小兔、小猴……这些小动物都来和青蛙提建议了，你们觉得它们会怎么说，青蛙又会怎么想，怎么做？请选择一种小动物，学着课文来仿写一个片段。注意用好上面所学的本领。

（生仿写，师个别指导）

第四步：展示与交流

（略）

244

教学说明：此处展示交流重点关注：1. 提建议的说话艺术；2. 写青蛙的部分是否按"怎么想＋于是＋怎么做"来介绍。

【作业选登】

1. 一只小鸟飞来说："这个水坑坑嘛，在里面捉捉虫倒挺好。不过，要是周围有些树就更好了。"

青蛙想，要是在泥塘周围种几棵树，泥塘就能卖出去。于是，他来到小森林里，挥锹挖了几棵苗壮的小树苗，扛到泥塘边种下。

2. 一只小蝴蝶飞来说："这个地方好是好，要是有些花朵就更好了。"

青蛙想，要是泥塘周围种些花，泥塘准能卖出去。于是，他跑到森林里，找到一些花籽，撒在泥塘边。

3. 小猴跑来说："这地方嘛，在里面游泳倒挺舒服。不过，要是周围有栋房子就好了。"

青蛙想，要是在泥塘旁盖栋房子，就能卖出去。于是，他叫来了朋友，搬来了砖头，盖了一间小房子。

4. 一只小猴跑了过来，看了看泥塘，说："这个小水坑，在里边游泳倒好。不过，要是有一所房子我就可以在里面睡觉了。"

小猴不想买泥塘，走了。

青蛙想，要是能建一座房子，就能卖出去了。他拿几条木头，用锤子把木头固定做支撑，再做一扇门，做了两个窗户，搭了一个屋顶，又铺了一层瓦片，做了间大房子。

5. 蝴蝶飞来说："这地方好是好，不过要是周围有些花就更好了。"

蝴蝶没有买泥塘，飞走了。

青蛙想，要是能在周围种点花，就能卖出去了。于是，他就去采集花籽，播撒在泥塘周围的地上。到了春天，长出了一朵朵的小红花。

6. 一只小兔跑来说："这个地方好是好，就是缺条通往城里的路。"

青蛙想，要是修条小路，就能卖出去了。于是，他寻找好路线，挖土填路，修了一条平整的道路。

十二、青蛙卖泥塘（二）

【课文范句】

多好的地方！有树，有花，有草，有水塘。你可以看蝴蝶在花丛中飞舞，听小鸟在树上唱歌。你可以在水里尽情游泳，躺在草地上晒太阳。这儿还有道路到城里……

【读写提示】

这是一组典型的先概括后具体的句群。围绕"多好的地方"，从有什么，可以做什么，交通方便三方面来具体介绍泥塘。这个句群的仿写难点在于围绕一个意思，如何从多个方面来介绍。教学时，教师要引导学生读好范例，学习文章是如何从多个方面介绍一个事物的。

【教学实录】

第一步：读懂表达结构

1. 拎出总述句

出示：

多好的地方！有树，有花，有草，有水塘。你可以看蝴蝶在花丛中飞舞，听小鸟在树上唱歌。你可以在水里尽情游泳，躺在草地上晒太阳。这儿还有道路到城里……

师：经过多次整修，青蛙又开始叫卖了。这次他信心十足，谁来读读？

（出示句子，指名读句子）

师：同学们，你们觉得这些句子是围绕哪句话来写的？

（生读并思考）

生₁：是围绕"多好的地方！"写的。

师：大家都赞成吗？

生$_2$：赞成。因为下面这些句子都是为了说这里很好。

师：是的，这几句话都是围绕"多好的地方"写的。

教学说明：先抓住这部分的关键句——本句群的总起句，再引导学生体会后面几句话是如何围绕这个意思来写的。

2. 学习如何围绕一个意思写

师：这部分哪句的介绍让你喜欢上了这个地方？

生$_1$：我喜欢他说的"你可以在水里尽情游泳，躺在草地上晒太阳"。

师：这是告诉你可以在这里干什么，让你喜欢上了这里。

板书：

做什么

生$_2$：我从"你可以看蝴蝶在花丛中飞舞，听小鸟在树上唱歌"感受到这里很美，所以喜欢这里。

师：这里可以欣赏到很多美的事物。看蝴蝶飞舞很美，听小鸟唱歌也很美。这也是说可以做什么。

生$_3$：这里"有树，有花，有草，有水塘"。我喜欢这里的环境。

师：是的，这里写有什么。

板书：

有什么

师：这句"这儿还有道路到城里……"看出这个地方怎么样？

生$_4$：去城里很方便。

生$_5$：说明这里交通方便。

师：是的，交通方便。

板书：

交通方便

教师根据学生反馈，标注如下：

　　　　　　　　　　　有什么
　　　　多好的地方　　干什么
　　　　　　　　　　　交通方便

师：青蛙围绕"多好的地方"，不仅介绍了那儿有什么，还介绍了可以干什么，最后点出交通方便，让人一听就想买下这泥塘。我们一起来读读。

（生齐读，师生配合读）

教学说明：逐句梳理出围绕"多好的地方"，课文都从哪些方面来写的。框架式的梳理，有利于学生习得方法。

第二步：搭设台阶，仿着说

1. 借助实物，仿着说

（出示一个笔袋）

师：同学们，青蛙为了推销这个泥塘，从这三个方面进行介绍。如果让你们来推销这个笔袋，你会从哪些方面推销？

生$_1$：我会说它的颜色漂亮。

生$_2$：我会介绍它上面的图案。

师：嗯，你们从它的外观进行推销。

板书：

外观

生$_3$：我会介绍它里面可以放很多东西。

师：比如可以放什么东西？

生$_4$：可以把需要用的笔、橡皮、尺子都放在里面。

师：你这是从它的容量大来介绍。

板书：

容量大

师：还可以介绍什么呢？

生$_5$：你们看这个笔袋表面是光滑的，如果脏了，用湿纸巾一擦就干净了。

板书：

易清理

交流后板书：

　　　　　　　　　　外观美
　　多好的笔袋　　　容量大
　　　　　　　　　　易清理

教学说明:"手把手"式启发学生可以从哪些方面来介绍笔袋,这在学习初始阶段是很有必要的。

师:谁能试着来说一说?

生$_1$:多好的笔袋呀!上面画着许多小星星,亮闪闪的,很时尚。它容量大,可以把我所有的文具都装在里面。它很容易清理,如果脏了,用湿纸巾一擦就干净了。

师:一学就会。从时尚、容量大、易清理这三方面来推销,我都想买了。谁还能说?

生$_2$:多好的笔袋呀!有精美的图案,有流动的水流,太阳光照射在它身上,闪闪发光。它的容量很大,可以装下我心爱的尺子、铅笔、橡皮。它旁边有个挂钩,可以挂在书包上,可方便了。

师:你还发现了它很方便这个优点。真不错!

……

教学说明:以一个笔袋为例,让学生练习从多个方面推销一个事物。在习得方法后,拓展延伸到推荐其他事物。

2. 放手仿说

师:现在你们看看身边有哪样东西也可以推销出去。

(同桌互说,再指名说)

……

第三步:仿写句子

师:请选择一样事物进行推销,注意围绕推销的要点,从多个方面进行介绍。写的时候注意字迹工整,用好标点。

(生写话,师个别指导)

第四步:展示与交流

(略)

教学说明:此处展示交流重点关注,是否能围绕一个意思,从多个角度进行介绍。

【作业选登】

1. 多好的水彩笔!它全身五颜六色的,上面印着我最喜欢的气球。水彩笔细的一头可以画可爱的小鸟，粗的一头可以画一座座绿油油的大山。它让我的世界变得多姿多彩。

2. 我的水杯多好呀！穿着粉色的外衣，上面画着三朵美丽的花，杯口的外面有一个开关，一摁自动打开。冬天的时候，它能保温，早上倒的水，到了傍晚，水还没有凉。它既便宜又实用，还携带方便。

3.《十万个为什么》这套书真好。书中内容非常丰富，包括天文、地理、生物、人体、健康等好多方面的内容。它既让你开阔视野，又让你增长知识。书中一个个新奇的知识，会让你感受到大千世界的五彩缤纷和自然界的千变万化。

4. 多好的雨伞！它是淡蓝色的，上面画有两只哈巴狗与许多字母，很好看。它的体积小，再小的书包都能放进去。它特别耐脏，只要用水冲一冲，再用布擦一擦就和新的一样了。

5. 多好的笔盒！它粉色的外壳画着一只可爱的独角兽，上面还有一条美丽的彩虹。里面有两层，上面一层装各种尺子，下面一层装铅笔和橡皮的，很好分类。它很容易清洗，脏了用湿纸巾一擦，就干净了。

6. 好大的操场！有跑道，有乒乓球台，还有篮球场。你可以张开双臂在跑道上奔跑，可以在乒乓球台上打乒乓球，还可以躺在草地上闭上眼睛晒太阳。学校一千多个学生一起跑操都不嫌挤呢！

7. 多好的一个书包呀！它全身都是红色的，上面印着一个漂亮图案。它的容量很大，足足有三层，第一层放着校徽、红领巾等，第二层放着本子，第三层可以放课本。书包的背后有个拉杆，底部有四个轮子，就算装满东西，拉起来也不费力。

8. 多好的橡皮呀！它有着胡萝卜的样子，非常可爱。它就像一位清洁工，能把错别字消除干净。它产生的橡皮屑特别少，从来不会把我的桌子弄得脏脏的。

十三、小毛虫

【课文范句】

大大小小的昆虫又是唱，又是跳，跑的跑，飞的飞……到处生机勃勃。只有它，这个可怜的小毛虫，既不会唱，也不会跑，更不会飞。

【读写提示】

这个句群通过将昆虫的生机勃勃与小毛虫的可怜形成鲜明对比，在对比中突显小毛虫的可怜。昆虫们唱着，跳着，跑着，飞着，衬托出小毛虫"既不会唱，也不会跑，更不会飞"的可怜。教学时，可引导学生读出这一对比关系，并拓展到相关情境的练写。

【教学实录】

第一步：读懂句群结构

出示：

大大小小的昆虫又是唱，又是跳，跑的跑，飞的飞……到处生机勃勃。只有它，这个可怜的小毛虫，既不会唱，也不会跑，更不会飞。

师：如果说这段话里有一个主角，你们认为是谁？

生$_1$：小毛虫。

师：读完这段，你觉得毛毛虫怎样？

生$_2$：很可怜。

师：如果只是为了写小毛虫的可怜，老师把下面画线的部分删去怎样？

一条小毛虫趴在一片叶子上，用新奇的目光打量着周围的一切：<u>大大小小的昆虫又是唱，又是跳，跑的跑，飞的飞……到处生机勃勃</u>。只有它，这个可怜的小毛虫，既不会唱，也不会跑，更不会飞。

（生读并思考）

生₃：不能删去。

师：为什么？

生₄：其他昆虫的生机勃勃更体现了小毛虫的可怜。

生₅：其他昆虫又是唱，又是跳，跑的跑，飞的飞。而小毛虫不会唱，不会跑，不会飞，所以很可怜。

师：同学们说得非常对，正是因为其他昆虫那么有活力，更显得这只不会跑，不会飞的小毛虫可怜。我们来读读。

（师生配合读感中受小毛虫的可怜）

教学说明：直奔重点，以删去前与删去后做比较，让学生关注对比的手法。而在配合读的过程中，教师有意变换语气，让学生感受到对比的作用。

第二步：创设情境，扶着说

出示情境1：

下课时间，同学们都在开心地玩，只有他一个人孤单地坐在班级一角。

师：你们能学着课文，用同学们各种各样的玩与他孤孤单单一人之间的对比来突显他的孤单吗？

（同桌讨论—指名回答）

生₁：下课了，同学们在操场上又是踢球，又是跳，玩的玩，跑的跑……到处一片笑声。只有他一个人坐在教室里，没人跟他说话，也没人和他一起跑步，更没有人找他玩。

师：哇，模仿得真不错，前面部分写同学的欢笑，后面部分写这个同学一人待着，对比中更体现出这个人的孤单。

生₂：下课铃声响了，同学们全都出去玩了，有跳绳的，有跑步的，有玩游戏的……大家欢乐极了。只有受伤的月月，既不能跳，也不能跑，更不可以玩游戏。

……

教学说明：创设贴近学生生活的情境，激发学生实践练习，在仿说实践中去感受对比手法的运用。对于二年级学生，他们形象思维占主导，所以不去过多强调"对比"的概念，而是在感性的语境中形象感知。

出示情境2：

课堂上吵吵闹闹，但小红却在专心听讲。

师：这个情况，谁也能模仿上面句子进行表达？

生₁：同学们又是吵，又是闹，说话的说话，开玩笑的开玩笑。只有她，一句话也没有说，静静地坐在座位上，认真地看着老师。

师：她一句话也没说，静静地坐着和前面同学的吵闹形成鲜明对比。

生₂：班级里吵闹声一片，说话的说话，跑动的跑动，折纸的折纸……到处吵吵闹闹。只有她，乖巧地坐着，注视着老师。

……

教学说明：这一处仿写对于二年级学生来说比较陌生。因此，教师可以多设计几个情境让学生仿说，这有利于他们后续的仿写。话题还可以是：争奇斗艳的花儿与不起眼的野菊花；凋零的群花与独自开放的梅花；朋友们的冷漠与他的热情……。

第三步：仿写句子

师：请选择你感兴趣的一个话题，学着这个片段写几句话。注意用好对比。

（生写句，师个别指导）

教学说明：在上面充分仿说的基础上，让学生任选一个话题来写，学生仿写难度大大降低。而在"展示与交流"之后，还可让学生以另一个话题来仿写，以巩固这一表达方式。

第四步：展示与交流

（略）

教学说明：此处展示与交流重点聚焦：1. 前后对比的描写是否一致；2. 用词是否准确。

【作业选登】

1. 下课了，同学们又是跑步，又是打球，又是跳绳，又是拔河……到处欢声笑语。只有他一个人孤零零地坐在角落，既没有人和他玩耍，也没有人跟他说话，更没有人陪着他。

2. 下课铃声响了，同学们全都出去玩，有跳绳的，有跑步的，有玩游戏的……大家欢乐极了。只有受伤的月月，既不能跳，也不能跑，更不能玩游戏。

3. 春天到了，花朵开放了。有的展示美丽的身姿，在春风中翩翩起舞；还有的露出小脑袋，散发出迷人的香味。只有这朵野菊花，既没有鲜艳的颜色，也没有香味，更不会翩翩起舞。

4. 动物园里，大大小小的动物又是跑，又是爬，吃的吃，玩的玩……个个兴致勃勃。只有它，这只庞大的老乌龟，既不跑，也不爬，更不吃，懒洋洋地趴在那儿。

5. 冬天到了，夕日美丽的花朵凋谢的凋谢，掉叶的掉叶……到处一片荒凉。只有它，这朵美丽的梅花，不怕严寒，在寒风中绽放。

6. 游乐园里，小朋友们又是玩碰碰车，又是玩滑滑梯，跑的跑，跳的跳……玩得不亦乐乎！只有他一个人坐在凳子上，既没有人跟他一起玩，也没有跟他说话，更没人请他玩。

7. 春天到了，大大小小的花儿绽放美丽的花瓣，散发迷人的香味，舒展妖娆的姿态……到处生机勃勃。只有它，一朵不起眼的小野花，既没有迷人的香味，也没有美丽的花瓣，更没有人关注它。

十四、祖先的摇篮

【课文范句】

我想——
我们的祖先，
可曾在这些大树上
摘野果，
掏鹊蛋？
可曾在那片草地上
和野兔赛跑，
看蘑菇打伞？

那时候,
孩子们也在这里
逗小松鼠,
采野蔷薇吗?
也在这里
捉红蜻蜓,
逮绿蝈蝈吗?

【读写提示】

诗歌中这两小节是写"我"展开充满童趣的想象,写出了摘野果、掏鹊蛋、捉红蜻蜓、采野蔷薇等丰富多彩的生活场景,把我们一下子带到了遥远而神秘的远古时代,让我们感受到了祖先质朴、自由的生活,感受到了"我"的天真与好奇。教学时,要引导学生学习品读那一连串的动宾词组——摘野果、掏鹊蛋、逗小松鼠、采野蔷薇、捉红蜻蜓、逮绿蝈蝈……学着写好这些动宾词组,仿写这两小节诗歌就不成问题了。

【教学实录】

第一步:聚焦动词,发现特点

1. 变换方式,熟读诗歌
2. 感受动词的准确使用

师:在诗人的想象中,我们的祖先都在做什么呢?请自由朗读这两小节,并圈画出动词。

(生读诗歌,并圈画)

师:谁来说说都圈画了什么词?

生$_1$:摘野果、掏鹊蛋、和野兔赛跑、看蘑菇打伞、逗小松鼠、采野蔷薇、捉红蜻蜓、逮绿蝈蝈。

教师根据学生反馈,标注如下:

我想——

我们的祖先，
可曾在这些大树上
<u>摘野果</u>，
<u>掏鹊蛋</u>？
可曾在那片草地上
<u>和野兔赛跑</u>，
<u>看蘑菇打伞</u>？

那时候，
孩子们也在这里
<u>逗小松鼠</u>，
<u>采野蔷薇</u>吗？
也在这里
<u>捉红蜻蜓</u>，
<u>逮绿蝈蝈</u>吗？

师：老师有个疑问，这里的摘、掏、逗、采、捉、逮，这些词可以调换一下吗？要说明理由。

生₁：不能换，不同的动作要用不同的动词。

师：能说具体点吗？

生₂：野果是摘，不能是掏。

师：你能演示一下"掏"这个动作吗？

（生动作演示）

生₃：还比如，逗小松鼠可以，但逗野蔷薇就不行了。

师：说得很好。我们一起读读这些词，边读边做动作。

（师生一起逐个演示动作）

教学说明：这一环节聚焦诗歌中一连串的词组，在动词的替换中感受动词的准确使用。

3. 感受诗句排列工整

师：摘野果和掏鹊蛋，和野兔赛跑与看蘑菇打伞，逗小松鼠和采野蔷薇……这些两两放在一起,我能不能调换顺序呢?

生₁:不能,这样就乱了。

师:怎么乱了?

生₂:是上下两句不对齐了。

师:是的。上下两句对齐,这样的排列读起来朗朗上口。现在老师读上句,你们读下句感受一下它们的对齐。

(师生配合读)

教学说明:在读中感受词组的两两对齐,为下面的仿写做好铺垫。

第二步:搭设台阶,仿着说

1. 仿说词语

师:同学们,看着课文插图,你们想象我们的祖先还会在这原始森林里做什么呢?能不能学着课文说几个这样的词语?同桌之间先说一说。

(同桌互说—指名说)

生₁:捉小鱼,逮螃蟹。

生₂:赏明月,数星星。

生₃:采草药,饮山泉。

……

师:像"和野兔赛跑,看蘑菇打伞"这样的表达呢?

生₄:看蚂蚁搬家,看燕子搭窝。

生₅:看小草发芽,闻花儿清香。

……

教学说明:将一组组的动宾词组单独拎出来,训练就更有针对性,不仅能让学生将这些词组说得更生动准确,而且使得下面的仿说难度大大降低。

2. 仿说整个小节

师:同学们,我们的祖先还会在这原始森林里做什么呢?现在谁能学着这两小节来说说你的想象呢?同桌之间先说一说。

(同桌互说—指名说)

……

教学说明:有了上面说词组的训练,这个环节难度不大,教师重点关注词组是否两两对齐。

第三步：仿写句子

师：请动手仿写这两个小节，注意诗歌的格式，并用好标点。

（生写话，师个别指导）

第四步：展示与交流

（略）

教学说明：此处展示交流重点关注：1. 动宾词组的准确性；2. 动宾词组的两两对齐。

【作业选登】

（一）

我想——

我们的祖先，

可曾在这片土地上

春种，

秋收？

可曾在那条小河里

捉小鱼，

逮螃蟹？

那时候，

孩子们也在这里

赏明月，

数星星吗？

也在这里

采蘑菇，

摘果子吗？

（二）

我想——

我们的祖先
可曾在这些大树上
摘树叶，
看鸟窝？
可曾在那片草地上
看花儿开花，
看小草生长？

那时候，
孩子们也在这里
逗小野猫，
采野菊花吗？
也在这里
捉小蝴蝶，
逮蝗虫吗？

（三）
我想——
我们的祖先，
可曾在这条小溪边
抓小鱼，
丢石子？
可曾在那片草地上
看蚂蚁搬家，
闻花儿清香？

那时候，
孩子们可在这里
摘野果，
挖野菜？

晚上也会在那里
数星星，
搭帐篷吗？
（四）
我想——
我们的祖先，
可曾在这清澈的小河里
捉螃蟹，
抓小鱼？
可曾在这片森林里
挖野菜，
逮蝈蝈？

那时候，孩子们也在这里
逗小兔子，
采野蘑菇吗？
也在这里
捉绿蜻蜓，
逮小毛虫吗？
（五）
我想——
我们的祖先，
可曾在这些大山里
采草药，
饮山泉？
可曾在那些草地上
和小鹿赛跑，
听夏蝉唱歌？

那时候,

孩子们也在这里

逗小兔,

采野花?

也在这里

捉花蝴蝶,

玩捉迷藏?

(六)

我想——

我们的祖先,

可曾在这座高山上

喝山泉,

搬石头?

可曾在那条小河里

捉小鱼,

抓螃蟹?

那时候,

孩子们也在这里

逗小白兔,

采牵牛花吗?

也在这里

捉小鸟,

掏鸟蛋吗?

十五、黄帝的传说

【课文范句】

有一年夏天，黄帝正在干活，忽然一阵大风刮来，把他头上的草帽吹掉了。草帽是圆的，掉到地上后向前滚出了很远。这件事给了黄帝启发，他想，如果做个架子，再装上像草帽一样能滚动的东西，就可以用来搬运物品了。于是，他号召部落民众，按照设想找来需要的材料，试了一次又一次，终于把车造了出来，样子就像现在的独轮手推车。

【读写提示】

这是一组承接句群。按事情发展的顺序，从"看到什么"，到由此"想到什么"，于是"怎么做"，最后"结果怎样"，将黄帝造车的过程写清楚。它的表达结构可以简化为："看到什么＋想到什么＋怎么做＋结果怎样"。这承接式的表述，值得学生在习作中举一反三。

【教学实录】

第一步：读懂段落结构

出示：

有一年夏天，黄帝正在干活，忽然一阵大风刮来，把他头上的草帽吹掉了。草帽是圆的，掉到地上后向前滚出了很远。这件事给了黄帝启发，他想，如果做个架子，再装上像草帽一样能滚动的东西，就可以用来搬运物品了。于是，他号召部落民众，按照设想找来需要的材料，试了一次又一次，终于把车造了出来，样子就像现在的独轮手推车。

师：同学们，请默读课文，将这段话中黄帝看到什么，想到什么，怎样做的，结果怎样——标注出来。

（生读文并标注—指名回答）

教师根据学生的反馈，标注如下：

有一年夏天，黄帝正在干活，忽然一阵大风刮来，把他头上的草帽吹掉了。（**看到**）草帽是圆的，掉到地上后向前滚出了很远。这件事给了黄帝启发，（**想到**）他想，如果做个架子，再装上像草帽一样能滚动的东西，就可以用来搬运物品了。于是，（**怎么做**）他号召部落民众，按照设想找来需要的材料，试了一次又一次，（**结果**）终于把车造了出来，样子就像现在的独轮手推车。

师：这段话就是根据黄帝"看到什么＋想到什么＋怎么做＋结果怎样"这样的结构来介绍黄帝造车的故事的。现在我们一起来读一读。

黄帝看到——（生读），想到——（生读），于是，他怎么做——（生读），结果——（生读）

教学说明：师生共同梳理出语段的表达结构——"看到什么＋想到什么＋怎么做＋结果怎样"，让学生后续的仿说、仿写有了表达支架。

第二步：搭设台阶，仿着说

1. 仿说黄帝造船的故事

师：同学们，这篇课文中还说了黄帝造船的故事，请边读，边做记号，一会儿请同学根据"看到什么＋想到什么＋怎么做＋结果怎样"这样的结构来介绍黄帝造船的故事。

（生读文做批注—同桌互说—指名说）

师：谁来说说？

生$_1$：黄帝看到水面上飘着许多树叶，其中一个叶片上有一只蚂蚁，虽然河水很深，蚂蚁却安安稳稳地在上面爬着。他想如果造一个像树叶一样浮在水面的东西，能让人待在上面，我们就可以在水上自由来去了。于是，大家找来一根很粗很粗的树干，把它放进河里。可是，树干是圆的，人一爬上去，它就滚动起来，人在上面根本待不住。怎么办呢？他们一起商量，终于想出了办法：把树干中间的一段挖空，人在里面，果然能坐稳了。最后，他们又用木头做了桨，就能在水面上自由地行动了。

师：说的很清楚。他先说黄帝"看到了——，想到——，于是他带领大家——，最后——"。你们看，按这结构把事情说得多清楚呀！谁也来说说？

向课文学写句

......

教学说明：前面学的是"黄帝造车"，现在让学生以"黄帝造船"来练说，相似度较高，学生迁移模仿更加容易。而在交流环节，教师不断强化"看到什么＋想到什么＋怎么做＋结果怎样"这样的表达结构，为下面的放手仿说打好基础。

2. 放手说图画

出示图画：

图28 孙晓娟 画

师：现在你们也能按"看到什么＋想到什么＋怎么做＋结果怎样"这样的结构来介绍这些图画吗？先想一想，再同桌之间说一说。

（同桌互说—指名说）

......

教学说明：这就是典型的"远迁移"。以这样的表达结构说"黄帝造车""黄帝造船"，现在拓展迁移到以同样的表达结构说图画。这样的"举一反三"更能促使学生掌握这一表达结构。

第三步：仿写句子

师：请选择其中一幅图，用"看到什么＋想到什么＋怎么做＋结果怎样"这样的结构来写一写。

（生写话，师个别指导）

第四步：展示与交流

（略）

教学说明：此处展示交流重点关注："看到什么＋想到什么＋怎么做＋结果怎样"这样的表达结构。

【作业选登】

1. 一天，小明看到妈妈这么忙，一会儿洗碗，一会儿扫地，一会儿擦桌子……他心想：要是我能帮妈妈分担点家务，妈妈就不那么辛苦。于是，小明忙开了。他先把垃圾扔了，然后把窗户擦干净了，最后把书桌整理得整整齐齐。最终，房子被小明和妈妈收拾得焕然一新。

2. 一个周末，小明正在跳绳。他看到旁边的小树苗被风吹断了，心想：小树会让我们呼吸新鲜的空气，我不能不管呀。于是，小明用跳绳把小树苗一圈圈地捆起来。小树又重新立起来了。

3. 秋天到了，果实累累，风吹过，果儿点头，散发出清香。小狗在树下蹦蹦跳跳一心想摘苹果。小象看见了，心想：我去帮帮小狗吧。于是，小象一只脚踩着木桩，伸长鼻子，摘了十几个苹果给小狗。小狗开心得汪汪叫。

4. 一个秋天的傍晚，黄帝干完活，和大伙在河边休息。他发现蚂蚁站在叶子上不会往下沉，他想：如果做个跟叶子一样不会沉下去的东西，就可以在水上自由滑行了。于是，他叫大伙拿来几根木头，把里面挖空，叫一个人坐上去，果然不会沉下去。最终，黄帝把船造了出来。

5. 一天下午，小明在郊外跳绳。跳得正起劲，忽然，跳绳甩到了一旁的小树苗。刚刚长出的小树苗，被这么一甩，"咔"地一下断了。他想：如果不及时把它们连在一起，那小树苗岂不是要死了？于是，小明拿起跳绳，一圈又一圈地缠着，小树苗又挺直了腰。最后，小树苗又活了过来，小明高兴地笑了。

6. 小象看见小狗正在努力地摘苹果，心想：我来帮帮它吧。于是，小象一脚踩上树桩，把鼻子伸进叶子里。不一会儿，红彤彤的苹果就摘到了，小狗和小象高高兴兴地回家了。

7. 小芳看见妈妈一会儿扫地，一会儿擦玻璃。心想：妈妈这么辛苦，我也要帮妈妈分担。她扫视了一周，看见碗没洗，就跑过去，把脏兮兮的碗洗得干干净净。妈妈见了开心地笑了。

8. 我在回家的路上，看见了一只受伤的小鸟，心想：可以用创口贴包扎吧？于是，我急匆匆地跑回家里，找来创口贴给受伤的小鸟包扎好，后来小鸟飞了起来。

9. 下午，我在家里看见乌龟在石头上晒太阳。我想，它应该饿了吧？于是，我给它一只虾干。果然，乌龟看到了虾干，就抓住它大口大口地吃了起来。